Síndrome de Down

Síndrome de Down

Relato de um pai apaixonado

Marcelo Nadur

© Marcelo Nadur, 2010
1ª Edição, Editora Gaia, São Paulo 2010
1ª Reimpressão, 2017

Jefferson L. Alves – diretor editorial
Richard A. Alves – diretor-geral
Flávio Samuel – gerente de produção
Dida Bessana – coordenadora editorial
João Reynaldo de Paiva – assistente editorial
Tatiana Y. Tanaka – revisão
Acervo do autor – imagens
Neili Dal Rovere – projeto gráfico e editoração eletrônica

Obra atualizada conforme o
NOVO ACORDO ORTOGRÁFICO DA LÍNGUA PORTUGUESA.

Dados Internacionais de Catalogação na Publicação (CIP)
(Câmara Brasileira do Livro, SP, Brasil)

Nadur, Marcelo.
  Síndrome de Down : relato de um pai apaixonado / Marcelo Nadur. – São Paulo : Gaia, 2010.

  ISBN 978-85-7555-238-4

  1. Pais de crianças deficientes. 2. Síndrome de Down. 3. Síndrome de Down – Pacientes. 4. Síndrome de Down – Relações familiares. I. Título.

10-05923   CDD-616.8588420092

Índices para catálogo sistemático:
1. Portadores de síndrome de Down : Biografia   616.8588420092

Direitos Reservados

editora gaia ltda.
(pertence ao grupo Global Editora e Distribuidora Ltda.)
Rua Pirapitingui, 111-A – Liberdade
CEP 01508-020 – São Paulo – SP
Tel.: (11) 3277-7999 – Fax: (11) 3277-8141
e-mail: gaia@editoragaia.com.br
www.editoragaia.com.br

Colabore com a produção científica e cultural.
Proibida a reprodução total ou parcial desta obra
sem a autorização do editor.

Nº de Catálogo: **3189**

Síndrome de Down
Relato de um pai apaixonado

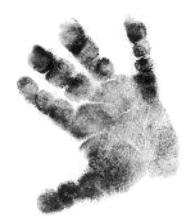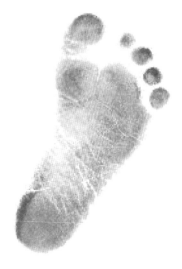

Sumário

Agradecimentos 11
Introdução 13
Nascimento 17
A notícia 21
Paiparazzo 23
Olhar de Deus 25
Na praia 27
Momento de fé 31
Sonho realizado 35
O primeiro contato 39
Disputando o Rafa 45
Batizado 49
Grande dia 57
Depoimentos 65
Momentos maravilhosos 83

Agradecimentos

Agradeço primeiro a Deus, que me premiou com essa grande dádiva em minha vida, que é o Rafael. Também agradeço a minha mãe espiritual, Maria, que me protege e guarda, e agora ao Rafa também.

A meus pais, Alfredinho e Deisoca, que me apoiaram sempre e me fizeram ser esta pessoa cheia de fé e esperança.

À Fefê, madrinha de consagração do Rafa, que eu amo de paixão – a são-paulina mais fanática e linda que eu conheço –; ao "Bitoca" Paulo, padrinho oficial do Rafa – quero ser igual a ele quando crescer. À Vanessa, minha cunhada, que enlouquece quando mando *e-mails* com as fotos do meu filho. Ao tio Antonio, à Dora, à vovó Nereide e à vovó Valnides; à Vivi, e também aos meus amigos, em especial meu primo Eduardo, que me abraçou quando falei do livro, e disse: "Estou feliz por você.", o que me deixou muito emocionado.

À Dani, uma pessoa muito especial que me concedeu a oportunidade de ser pai e realizar esse meu grande sonho. O carinho e o amor que ela tem por este menino é lindo de se ver. Serei grato a você por toda a minha vida, o Rafa não teria escolhido mãe melhor. Agradeço também ao vovô Juarez e à vovó Valda, que disputam o colo do Rafa comigo. É muito engraçada a cena em que ela o tira de mim. Ao carinho da Ana, madrinha de consagração; ao Luiz Guilherme, seu primo que, com certeza, irá ajudar, e muito, na evolução do nosso bebê; à Lilica, mãe da Cat, madrinha oficial. E a todos que, de alguma forma, mais ou menos presentes, compartilharam conosco esses momentos e foram importantes para nós. Caso tenha esquecido alguém, me perdoem.

Às médicas que cuidam do Rafa, dra. Katia e dra. Renata – não me esqueci de você e de sua mãe –; à Cris, tia da escola de natação; à dra. Patricia, fisioterapeuta; à dra. Juliana, fisioterapeuta respiratória; ao tio Tersio, fisioterapeuta, que trata meu bebê com o maior carinho.

Um agradecimento especial à Cris, professora da faculdade, que nos deu muitos toques importantes, e foi nosso primeiro contato e a nossa referência. Cris, estamos lhe devendo uma visita com o Rafa. Nossos agradecimentos também ao Jo, à Ana, ao Serginho, pela força e carinho, a toda minha família, ao pessoal da Atlanta, ao meu querido amigo Sidnei da Ultrafarma, ao meu querido amigo Wilson Tadeu Passarelli, Teresinha Passarelli Prado e Mirian Regina Passarelli Prado e a todos que passaram em nossa vida. O Rafa não seria o mesmo se não fossem vocês. Obrigado padre Marcelo, pelas orações e companhia em todas as manhãs, seu papel foi fundamental; e como o senhor já disse várias vezes, o possível eu posso, mas o impossível a Deus pertence. Obrigado Deisoca, minha mãe querida, por me evangelizar. Obrigado também ao padre Carlos, pelas suas missas aos domingos de manhã, nas quais faço questão de levar meu "gotoso". Obrigado também a você, que comprou este livro, espero que ele possa ajudá-lo de alguma forma. Obrigado Madalena, jornalista que me deu vários toques para a realização desta obra. Amo todos vocês.

Introdução

Eu te amo, te amo, te amo! Não teria outra forma de começar este livro se não declarasse meu amor por você, minha vida, como faço todos os dias. Declarar meus sentimentos para você me completa e me faz ter mais esperança nas pessoas e na vida. Você é tudo o que eu sempre quis e sonhei: ser seu pai é a mais linda e minha maior missão. Eu te amarei para sempre.

Antes de relatar a sua chegada, quero fazer uma breve recordação do passado, dos meus tempos de menino, quando morava no Tatuapé, bairro da zona leste de São Paulo, onde passei a minha infância e a minha adolescência, vivenciando momentos inesquecíveis.

Pensando nessa época, gostaria muito de poder voltar no tempo. Recordar e rever amigos queridos e histórias que marcaram para sempre minha vida. Só quem teve uma infância tão alegre e divertida pode imaginar a importância desse período, cujos momentos vividos, muito mais do que histórias de crianças, foram verdadeiros aprendizados.

Jamais vou me esquecer da Over Night e da Contramão, danceterias que costumava frequentar com os amigos e onde me diverti tantas vezes, paquerei, namorei (naquela época se namorava ainda). No decorrer deste livro, relato momentos maravilhosos que vivi nesse tempo.

Mas agora preciso falar do meu pai. Afinal, hoje sou pai também, e a razão de escrever este livro é justamente poder viver essa experiência única, que é gerar, educar e criar um filho.

Meu pai sempre foi um grande exemplo e é, até hoje, minha maior inspiração. Talvez ele não saiba (eu nunca fiz essa declaração para ele), mas o "Alfredinho", como eu carinhosamente o chamo, sempre foi um grande motivo de orgulho para mim.

Quantas vezes ouvi amigos me dizerem: "Puxa, Marcelo! Seu pai é muito legal! Gostaria que o meu fosse assim!". Realmente, meu pai é muito mais que legal... Ele é sensacional!

Quantas vezes, aos domingos pela manhã, lotava seu carro com a molecada e nos levava para jogar futebol no Ceret (Centro Educativo Recreativo e Esportivo do Trabalhador), um clube tradicional no Tatuapé. Lembro-me de que o carro ficava cheio de garotos até o teto. Às vezes, acho que ele se divertia com isso mais do que a gente.

Sempre de bom humor, com muita paciência e com seu jeito irreverente e único, Alfredinho nunca nos deixou na mão. O futebol aos domingos era diversão garantida.

Até hoje invejo, no bom sentido, seu bom humor e a forma como ele encara as dificuldades, como vem cuidando da nossa mãezinha linda, que não anda bem de saúde. Ele tem sido um anjo na vida dela e na nossa. A sua maneira de lidar com os problemas, sempre de forma positiva e otimista, é algo que me faz admirá-lo cada vez mais.

Atualmente, ele não tem mais a molecada para levar ao futebol, mas se diverte com seus amigos, aposentados, na pracinha perto de casa. Todos os dias quando chego do trabalho, ligo para minha mãe para saber como eles estão e, quando pergunto do meu pai, ela me diz: "Está lá na praça, com os amigos." e, rindo, conclui: "Novidade, né!".

Meu pai recebeu a notícia da gravidez da Dani de forma eufórica e, muitas vezes, durante a gestação, dizia que estava ansioso para poder levar o Rafael na praça para conhecer seus amigos, e que gostaria muito de poder ficar ali com ele, curtindo e ouvindo suas histórias.

Bom, voltando um pouco ao assunto anterior, depois do jogo, com toda a molecada de volta ao carro, meu pai passava em um bar, tipo lanchonete –

de cujo nome agora não me recordo –, que servia um monte de petiscos, desde ovinhos de codorna até aquelas cebolinhas em conserva. Entrávamos no bar e ele autorizava o dono a servir a cada garoto dois salgadinhos. Mal sabe ele quão importantes foram esses momentos, que ficarão para sempre em minha memória.

Quanto ao futebol, essa é outra parte da história. Realmente, nunca fui muito bom nesse esporte. Tanto que sempre era escalado para ser o goleiro... Como nunca levei muito jeito para jogar, eu gostava de ficar no gol fazendo "morrinhos" de areia, pensava na vida e em tudo o que eu poderia estar fazendo se não estivesse ali. Até que a bola chegava e eu, distraidamente, a deixava passar pelas imensas traves. Nossa, como eram grandes aquelas traves!

O restante já se pode imaginar, não é? Meu irmão Paulo ficava furioso comigo. Em outras situações, quando jogava na linha, também ficava lá na frente fazendo meus morrinhos de areia, até que ouvia meu pai gritar: "Marcelo!", e o via chutar a bola na minha direção. Como eu resolvia fazer meus "castelos" sempre perto do gol, recebia a bola com a maior calma do mundo, enquanto via o time adversário todo se dirigindo a mim. Mas não dava tempo e eu acabava fazendo o gol.

Outras vezes, mesmo estando de cara com o goleiro, não conseguia marcar o gol. A bola vinha muito alta, e quando batia no chão me dava o maior chapéu, então eu perdia a chance, para desespero do time. Decididamente, não nasci para jogar futebol. A decisão de virar goleiro foi uma estratégia ótima, pois era uma forma de não ser o último a ser escolhido quando a garotada começava a escalar os times.

Hoje, ainda me arrisco no esporte – quem sabe ainda aprendo –, mas não jogo mais no gol. Tive um acidente de moto há alguns anos, que me deixou de lembrança um pino no punho. Mas ainda sou um pé-duro. Brinco dizendo que, quando jogo, tenho dois adversários: o time que enfrento e a bola, que teima em não me obedecer.

Voltando ao Paulo, meu irmão sempre foi muito competitivo, e só não me surrava naquela época porque o Alfredinho não deixava. Ele não se conformava com o fato de minha performance ser tão ruim, não sei como ele não virou profissional, pois jogava muito bem.

Esses foram apenas alguns momentos de uma infância feliz. Naquela época, eu era um garoto cheio de sonhos e devaneios. Aos poucos fui crescendo e, com o passar do tempo, muitos desses sonhos maravilhosos foram se perdendo e sumindo de minhas noites de sono. Aquele tempo em que a garotada do bairro se divertia de forma ingênua e inocente, tudo proporcionado pelo meu Alfredinho, é uma imagem muito viva em minha memória.

Apesar de ser garoto e da minha imaturidade, sempre tive vontade de ser pai. A ideia de ter um filho e ser para ele o que o Alfredinho é para mim foi amadurecendo.

Muitas vezes, em sonho, via um bebê olhar para mim, mas era um bebê diferente. Na minha inocência não entendia que isso poderia ser a projeção da minha consciência e da minha vontade.

Era uma criança linda, embrulhada como um "charutinho" e que sorria para mim. Hoje, as crianças não são mais embrulhadas assim. Mas, nos meus sonhos, esse bebê aparecia dessa forma.

Esse sonho foi desaparecendo à medida que eu fui crescendo e minha vida se transformando.

Nascimento

Sempre gostei muito de crianças. Quando tenho a oportunidade de pegar um bebê no colo, isso me faz muito bem. Sempre senti uma energia muito positiva, que me renovava a alma.

As crianças sempre me receberam muito bem. Brinco dizendo que devo me parecer com um anjo, porque dizem que crianças veem anjos e, quando elas me veem, abrem logo um sorrisão e facilmente pulam nos meus braços.

Logicamente, isso é só brincadeira, mas talvez a minha vontade de ser pai me fizesse pensar que isso poderia até ser verdade.

Imaginava um dia poder pegar meu filho nos braços... aquele bebê do sonho que sorria para mim.

Tanto que, quando o dr. Marcos, médico obstetra que fez o parto do Rafael, o puxou na cesariana e pude ver aquela cabecinha e aquele rostinho, parecia um encontro de velhos amigos. Era um rosto familiar e uma vontade imensa de abraçar e beijar aquele pequeno ser, que hoje, com meu Deus, é a razão da minha vida.

Um amor de fazer chorar, que jamais me cansarei de declarar.

Nunca vivi uma emoção como aquela. No momento do nascimento do Rafa, a imagem da minha mãe me veio à cabeça. Somente ali tive a noção da importância de conceber um filho e a certeza do amor que ela sente por mim.

Quantas vezes, quando saía de moto e chegava em casa tarde da noite, deixando-a preocupada, não me dava conta do sofrimento que lhe causava. As frases sempre repetidas – "Marcelo, não consigo dormir enquanto você não chega" – me cansavam, mas hoje sei que um filho é uma bênção e, como pai que hoje eu sou, entendo a minha mãe.

No momento do nascimento do Rafael, me lembrei do meu Deus. Naquela hora vi o quanto meu Senhor me ama e o quanto sou querido por Ele. Hoje, com o Rafael no colo, sempre sussurro as mesmas palavras no seu ouvido: "Filho, Papai do Céu deve ter adoração pelo seu pai. Se Ele sente o que sinto por você, filho, é porque eu sou muito especial para Ele. Ainda mais por Ele ter confiado você a mim, um bebê especial!". Na verdade, naquele hospital, no dia 4 de outubro de 2006, descobri qual é a minha missão: ser pai. Eu nasci para ser pai, para cuidar dessa criança tão adorável que é o Rafael.

Hoje, faço questão de dar papinha, banho, trocar fraldas, e já tomei até um "pum" na cara; e o melhor é que acho a maior graça em tudo isso.

Mais um banho, mais uma alegria.

Obviamente, não dou um banho igual ao da mãe. Procuro lavar pescoço sujo, orelha suja etc. E o Rafa adora. Acho que ele não puxou a mim, que quando criança corria de banho.

O Rafa se diverte muito na hora do banho. Agora está com a mania de terminá-lo em pé. Eu peço para que fique sentado na banheira, mas como já abusa do poder que exerce sobre mim, nem me dá ouvidos. Insiste em ficar com aquela bundinha travada e com as coxinhas duras, querendo ir não sei aonde.

Muitas vezes, quando eu era pequeno, não sentia falta de banho. Ao relembrar desse tempo, recordo de minha avó Maria, mãe do Alfredinho, que me falava assim: "Meu filho, põe uma cueuinha, que a vovó lhe dá banho.". Eu falava: "Vó, a senhora está doida! Ficar na sua frente de cueca jamais! Vou morrer cascudo, mas não tomo banho.".

Quando meu pai chegava em casa, do trabalho, ela ia buscá-lo, lá na porta, e contava minha decisão: "Alfredo, o menino não quer tomar banho. Faça alguma coisa, porque ele está com um cascão tão grosso no pescoço, que nem consegue mexer a cabeça.".

Certamente, minha avó era exagerada, mas não era necessário o Alfredinho falar alguma coisa. Bastava um olhar e eu já estava embaixo do chuveiro. Mas, às vezes, desafiava o perigo e, para contrariar, não me dava por vencido. Ligava o chuveiro, e, quando meu pai achava que eu estava tomando banho, eu me lavava na pia, achando que tinha sido o vencedor.

Realmente, eu era às vezes um garoto problemático. Certa vez, quando morávamos em um sobrado, havia somente um banheiro na parte de cima. Acordei bem cedinho com uma imensa vontade de fazer xixi. Só havia um banheiro e estava ocupado pelo meu pai.

Naquela época, meu irmão, que é apenas quatro anos mais velho do que eu, tinha o hábito involuntário de fazer xixi na cama. Tive medo de descer para usar o banheiro de baixo e, como estava muito apertado, sentei na cama e fiquei olhando para o Paulo dormindo. Nesse momento, me veio uma ideia fantástica: fazer xixi no Paulo, afinal, pela manhã todos iriam pensar que ele havia urinado novamente na cama.

Como meu irmão sempre teve o sono pesado, nem se deu conta do acontecido. Voltei para a cama sem o menor peso na consciência e dormi aliviado.

Quando, depois de algumas horas, o Paulo levantou sonolento, minha mãe foi arrumar a cama e pegou o pijama dele todo molhado. Ela não entendeu nada, porque a cama estava intacta e só suas costas estavam molhadas.

Conversando com meu pai, associaram o fato de eu ter ido ao banheiro de manhã e fizeram uma pequena investigação. Como já sabiam do meu histórico, me pressionaram e eu acabei me entregando. O Paulo queria me bater, mas meu pai não deixou.

Minha justificativa pode não ter sido convincente, mas sem dúvida, foi verdadeira. Eu disse que, como o banheiro estava ocupado e estava muito apertado, resolvi fazer xixi sobre o Paulo, afinal, como ele fazia xixi na cama quase todo dia mesmo, minha atitude não causaria problema algum.

Realmente, minha infância foi bem divertida!

Mas voltando ao Rafa, o nosso banho é mais bagunça e farra. Por algumas vezes, ele até bebe água, porque não para um minuto. Um dia, ele ficou de bruços por cima da água com os braços e as pernas esticadas. Parecia uma ponte sobre a água; quis tirar uma foto, mas não deu tempo. Ele nunca havia feito isso antes. Foi uma atitude tão natural, a primeira de tantas que me encantam a cada dia.

A notícia

Os sonhos... Quero continuar a falar dos sonhos. Sempre sonhei e guardei para mim que meu filho seria diferente. Não saberia explicar qual o significado dessa sensação, mas, no fundo, sabia que ele seria diferente.

Nos sonhos, via aquele bebê embrulhadinho com seu rostinho lindo. Quando o Rafael nasceu, vi o mesmo bebê do sonho. Sim, eu já o conhecia. Logo que o tirou da barriga da Dani, o dr. Marcos o entregou para a pediatra fazer a limpeza. A Dani, desesperada, me disse para ir atrás, achando que poderiam trocar nosso filho. Procurei tranquilizá-la, dizendo que já tinha visto o rostinho dele... Sim, eu já o tinha visto por anos em meus sonhos e jamais conseguiriam trocar nosso bebê.

Se o colocassem com mais dez crianças, mesmo assim eu saberia qual delas era o Rafa. Eu o conhecia antes de ele nascer, essas coisas que não explicamos, apenas vivemos.

Logo depois que Dani engravidou, tivemos a notícia de que nosso bebê poderia ser portador da síndrome de Down. Como devoto que sou de Nossa Senhora, logo fiz uma promessa. Sabendo que ele poderia nascer com vários problemas de saúde, como cardiológico, neurológico, entre outros, prometi a minha mãezinha que o batizaria em seu templo, em Aparecida, interior de São Paulo, caso meu bebê não tivesse todos esses problemas.

A alegria que contagia nossas vidas.

Obviamente, ele seria batizado lá de qualquer forma, mas queria que minha fé conseguisse curar o Rafa. Hoje, sei que ele não precisa de cura. Sua existência é que veio para me trazer a "cura" pelo verdadeiro amor e dedicação que tenho por ele, um amor que ajudou a me tornar um ser humano melhor.

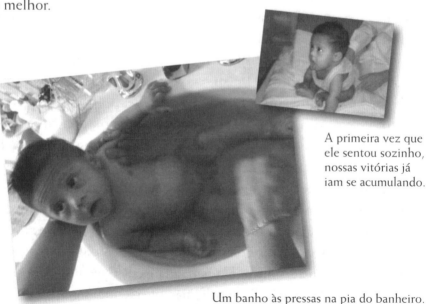

A primeira vez que ele sentou sozinho, nossas vitórias já iam se acumulando.

Um banho às pressas na pia do banheiro.

Paiparazzo

Desde os tempos de moleque, eu sempre quis fazer uma tatuagem, mas não sabia exatamente que imagem gostaria de tatuar. Precisava ter um significado e não apenas desenhar uma imagem sem sentido algum. Quando o Rafa nasceu, decidi tatuar seu nome em árabe – pois sou descendente de árabes por parte de mãe. Seu nome, escrito em árabe em meu corpo, seria a minha prova de amor. Foi o que fiz, e a prova está na foto que ilustra a capa deste livro. رافائيل

Aliás, desde que o Rafa nasceu, não parei de tirar fotos dele. Virei uma espécie de *paparazzo*. Ele está até acostumado com as sessões de fotos. Quando pego o celular, ele, muitas vezes, já abre um sorriso enorme, achando que vou fotografá-lo. Faz até "caras e bocas" para minha alegria e satisfação. Será que vai ser modelo?

Aquele sorriso que, peço a Deus todos os dias em minhas orações, Ele sempre me permita ver. Espero poder fazer aquele rostinho feliz. É tudo o que eu peço. Penso sempre que, se ele está sorrindo, é porque está tudo bem. Na verdade, desde o primeiro momento de vida do Rafa até hoje, os *flashes* são sempre voltados para ele. Procuro registrar cada sorriso, como a primeira vez em que ele se sentou sozinho e muitas outras situações que poderiam passar despercebidas por outro pai, mas que para mim foram inesquecíveis. Sabendo das limitações de um bebê com Down, o fato de ele poder ser independente e conseguir sentar-se sozinho me fez chorar de emoção. O banho, as primeiras lágrimas e todos os momentos maravilhosos que ele sempre nos proporcionou são um verdadeiro presente do Céu.

O fato é que o Rafa adora tomar banho. Certa vez, eu e a Dani estávamos atrasados para sair, o que a levou a dar-lhe um banho na pia. Ele ficou tão frustrado... não acreditou que iríamos privá-lo de um de seus momentos de maior diversão.

Em outra ocasião em que também estávamos atrasados para um compromisso, dei um banho nele apenas com algodão molhado. Ele fez uma festa, balançava os braços e as pernas como um doido, sempre sorrindo. Eu pensei: "Está se saindo como o pai, fugindo de banho.". Mas não é verdade, o Rafa adora qualquer situação em que está conosco. Tenho certeza de que nossa presença lhe dá grande segurança e alegria.

Nossa sintonia é tão grande, que consigo saber o que ele pensa observando suas expressões. Certo dia, enquanto eu o alimentava, tirei por um momento a mamadeira de sua boca para arrumar o babador. Ele me olhou de uma forma muito reprovadora, como se falasse: "Você está maluco! Põe essa mamadeira de volta na minha boca ou a coisa vai ficar ruim para você, velhinho!".

Eu acabei não arrumando nada e devolvi rapidinho a mamadeira. Sabe aquela frase que um olhar vale mais do que mil palavras? Pois é! Com o Rafael, a cada dia me convenço mais da verdade contida nessa máxima popular.

Conversamos todos os dias pelo olhar. Coisas de Deus, de alma gêmea.

Quero que ele saiba como foi cada momento de seu crescimento ao nosso lado.

Olhar de Deus

A hora mais feliz é quando volto do trabalho. Toda noite, ele faz a maior festa, sorri, fala aquela língua que só ele entende. É a maior recompensa depois de um dia árduo. Adoro ver aquele rostinho feliz. Faço questão de colocá-lo para dormir. Aproveito aquele momento em que estou com ele em meu colo para rezar e agradecer tudo que estamos vivendo. Tudo correndo tão bem. O nosso bebê evoluindo e se tornando tão especial a cada dia em nossa vida.

Alguns amigos nos emprestaram livros, também compramos outros para nos informarmos sobre a síndrome de Down. Nesta vida, minha missão é oferecer ao Rafa o que eu tenho de melhor. Meu carinho especial, toda a minha dedicação, meu apoio, minha atenção, paciência e meu amor eterno, como a tatuagem que fiz em sua homenagem, para o restante de minha vida.

A internet também nos ajudou bastante. E por coincidência, em qualquer revista que me interessava ler, sempre encontrava alguma matéria falando de síndrome de Down. Um dos meus alunos – sou professor de educação física – me emprestou um filme sobre o assunto, que nos ajudou bastante. Quero lhe agradecer a contribuição.

Mas gostaria de relatar, a partir de agora, o começo. Quero, por meio deste livro, ajudar outros pais a encararem de forma natural a chegada de um bebê com Down ou com outra diversidade, a fim de que enfrentem cada problema não como algo indissolúvel, mas como um desafio que Deus colocou em suas vidas para fortalecê-los e prepará-los para uma evolução espiritual. Acredito firmemente que Deus não dá um bebê especial para pais que não são especiais. Têm de ser pais guerreiros, de muita fé, têm de acreditar que essa missão só foi confiada a eles. Isso me conforta, pois não me considerava especial até receber o Rafa, e não me sentia digno dessa dádiva. Ele é especial demais para mim. É meu sonho realizado.

O Rafa dorme a noite toda, desde que chegou da maternidade. Não chora. Todas as vezes que tomou vacina, saiu rindo do posto. Vai para o colo de todo mundo que deseja pegá-lo. Passa a mão no meu rosto, faz carinho como eu sempre sonhei que fizesse. Olha-me como se estivesse me agradecendo todos os dias, tem um olhar calmo e sereno, como sempre digo: um olhar de anjo, um olhar de Deus.

Muitas vezes, acredito que Deus está me olhando por intermédio do Rafa. É impressionante! Certas vezes, ele fica por minutos me fitando diretamente nos olhos. Parece ler meus pensamentos. É lindo! Nesse e em outros momentos agradeço, agradeço esse tesouro perto de mim, trazendo luz e força.

Sempre lhe pergunto: "Filho, como foi estar até outro dia no colo de Jesus, como é sentir seu toque, seu olhar caridoso e manso?". Ele me responde com seu carinho e seu olhar de Deus que me emociona e me faz crer ainda mais na Sua presença em nossas vidas. Sinto-me cada vez mais orgulhoso de ter sido escolhido por Deus para essa missão. E posso dizer com todas as minhas forças que não vou fracassar.

Certa vez, ouvi uma pessoa dizer que somos escolhidos por nossos filhos e que os aceitamos também. Sem dúvida, eu aceitei o Rafa e gostaria de lhe explicar que eu já o conhecia. Acredito que já nos encontramos em outra vida. Quero poder facilitar a sua passagem nesta encarnação, pois ele já está facilitando a minha.

Na praia

Quando fizemos o ultrassom pela segunda ou terceira vez durante a gestação, o médico anunciou que o bebê tinha uma alteração na translucência nucal, ou seja, um pequeno inchaço na nuca de aproximadamente dois a cinco milímetros, o que poderia ser um caso de síndrome de Down. Confesso que foi um choque para a gente, pois tínhamos planos para o nosso anjo. Num primeiro momento, pensamos que teríamos de parar de sonhar e mudar nossos planos. Desesperados, pensávamos no que poderíamos fazer e por onde começar. Pensávamos que isso poderia acontecer com os outros, não com a gente.

Mesmo sendo uma possibilidade, queríamos ter a certeza. O médico então nos aconselhou a fazer um exame, por meio do qual uma agulha seria inserida na barriga da Dani para colher um pouco do líquido da placenta.

Ao examinar esse líquido, poderíamos ter certeza da hipótese levantada no ultrassom. Fizemos o exame. Foi um momento horrível. Saber que aquela agulha estava tão perto do nosso bebê é algo que gostaria de esquecer. Depois, a Dani disse-me que na hora em que a agulha entrou na sua barriga, ela sentiu a maior dor do mundo. Acredito, pois fiquei com a marca de suas unhas em minha mão.

Feito o exame, dentro de alguns dias, nos foi dada a resposta por uma junta médica: o líquido tinha a falha, mas não provava nada. Seria necessário outro exame, com uma chance de aborto de 1%, e dessa vez a agulha rasparia a pele do bebê. Não queríamos arriscar a vida do garoto de novo e negamos na hora. Engolimos o choro, demos as mãos por debaixo da mesa. Perguntei ao médico o que deveríamos fazer: o pré-natal seria igual, a gestação seria igual e a alimentação da Dani continuaria a mesma. Ela ainda poderia fazer ginástica – afinal, ela também é professora de ginástica. Ficamos quase malucos, mas nos apoiamos um no outro e começamos a nos informar sobre o assunto.

O médico falou que tudo seguiria normalmente. Somente precisávamos acompanhar a gravidez com mais atenção. Eu não sabia nada sobre Down. As poucas vezes em que tive contato na rua ou em outro local com alguma criança portadora da síndrome, eu até mantinha certa distância, pois não sabia qual reação ela teria. Hoje, faço questão de me aproximar e conversar sobre o assunto com outros pais. Se estou com o Rafa, fica ainda mais fácil.

Um dia, no Guarujá, litoral de São Paulo, lá estávavamos eu, meu gato Rafa, a Dani, meu pai e minha mãe na praia. Quando nos acomodamos, vi uma menina deitada de costas na areia, brincando sozinha. Eu estava com o Rafa no colo, sentado em uma dessas cadeiras de praia. Em determinado momento, me chamou a atenção o fato de ela ter virado o rostinho para nós. Vi que ela era Down ou possuía uma síndrome parecida. Mostrei para a Dani e disse: "Preciso falar com aquela criança.". Levantei, com a desculpa de ir pegar um coco para o Rafa, e me aproximei dela. Mostrei o Rafa a ela. A família dela toda se assustou. Ela apresentava um grau que desconheço. Tinha o rostinho... não sei explicar. Deve ter passado por várias cirurgias nas mãos. Seus dedinhos eram duros. Fiquei comovido e vi porque a família se assustou. Por causa de sua aparência diferente, ninguém deve se aproximar muito dela. Então levei-a para baixo de nossa barraca com o consentimento da mãe, que quando viu o Rafa, o reconheceu como Down, e também ficou mais aliviada.

Levei uma piscininha para o Rafa, que ela logo dominou. O Rafa a via na piscina e fazia festa. Para ela, tudo era alegria. Ela deu uns abraços nele que quase o esganou, numa demonstração de puro afeto. A criança era uma graça. Fazia carinho em seu rosto e o enchia de areia. Eu falava para ela não passar a mão no rostinho dele, pois seu dedo estava cheio de areia, mas ela dizia que iria limpar e passava a outra mão ainda mais suja de areia no rosto dele. Eu me diverti com tudo aquilo e descobri que, com a minha atitude, naquele dia, pratiquei um pouco de caridade. Poucas pessoas têm coragem de se aproximar de uma criança ou adulto com síndrome de Down. Eu mostrei para todas as pessoas que estavam ao nosso lado, e que não conseguiam tirar os olhos de nós, que aquela menina era carinhosa e que, apesar do problema, era um ser humano que precisava de carinho e amor. Ela tinha quatro anos, um doce de menina. Cada vez mais, acredito que crianças assim são anjos na sua forma mais pura, capazes de filtrar tudo e com um astral tão maravilhoso que chega a ser invejável.

No prédio onde mora meu irmão, mora também uma menina linda, a Iasmim, anjo igual ao Rafa, e seu irmão, o João Pedro. São dois seres pequeninos que não passam despercebidos em hipótese alguma.

Iasmim nos mostrou a alegria em ser especial.

É sempre maravilhoso ver a Iasmim pegando a Nana, a *poodle* do meu irmão, no colo. Ela não solta a cachorrinha por nada. É uma cena emocionante ver o carinho que ela tem pela Nana. O João Pedro, seu irmão, de vez em quando, entra nessa disputa. Ela foge para debaixo da mesa para se esconder. É realmente uma menina maravilhosa. A Iasmim tem uns dez anos, mas uma personalidade que surpreende. Certo dia, pedi a ela que sentasse no meu colo. Ela foi taxativa e me disse: "Eu não sou bebezão, sou uma menina e não preciso sentar no seu colo. Pode falar daí mesmo.". Sem dúvida, uma resposta que desbanca qualquer um. Ela chama o Rafa de bebezão e, quando chega no apartamento do meu irmão, sempre pergunta: "Cadê meu bebezão?". Realmente, tenho aprendido muito com essas crianças.

Momento de fé

Como disse anteriormente, logo no começo da gravidez, no ultrassom, quando foi diagnosticada a alteração na translucência nucal e a chance de meu filho ser Down, lá no fundo do meu coração, eu já sabia que ele seria especial, querido, amado e desejado. Em um ultrassom ouvi o coração do Rafa e chorei. Por mais que soubéssemos das dificuldades de criar uma criança com síndrome de Down, nossa decisão já estava tomada. E jamais nos arrependeríamos.

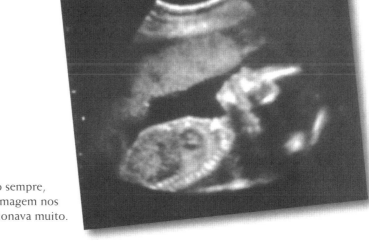

Como sempre, cada imagem nos emocionava muito.

Até o fim da gravidez, meus pais não acreditavam que ele nasceria com a síndrome. Falavam, talvez, para me consolar. Rezavam muito, ouvindo o padre Marcelo, meu "xará", todas as manhãs em um programa de rádio. Mas eles não sabiam que, para mim e para a Dani, não importava o que acontecesse, o Rafa seria, como hoje é, o maior presente de Deus.

Naquela época, aconselhado por minha mãe, que me evangelizou, comecei a ouvir o *Momento de fé*, um programa que me deu muita força. As orações e as músicas maravilhosas que aprendi, canto até hoje para o meu moleque dormir. Ele adora toda vez que canto para ele. O Rafa levanta a cabeça e me olha. Em seguida, recoloca-a em meu peito, se aconchega e dorme.

Prometi a ele que um dia o levaria ao Terço Bizantino para assistir a missa com o padre Marcelo. Minha mãe já foi e disse que é maravilhosa, que meu xará tem uma energia e uma luz que irradiam... Acredito, pelo rádio, já sinto! Imagine ficar ao lado dele na missa com meu bebê no colo, vai ser incrível! O Rafa vai adorar, e eu muito mais ainda! Esse moço é meu ídolo, meu tenente, já que Jesus é meu capitão. Tem uma parte do *Momento de fé* em que o padre Marcelo fala: "Vamos guerrear!". Sinto-me um soldado na linha de frente de uma guerra, numa mão uma cruz e na outra, uma espada, e meu comandante é Jesus. Experimente escutar seu programa! Estou sempre no trânsito e nessa hora me sinto forte, guerreiro, invencível, é muito bom. Não sei quando e nem onde, mas pretendo entregar-lhe este livro, um presente em agradecimento por tudo o que ele fez e faz por nós. Eu costumo chamá-lo de meu enviado de Deus!

O carinho da família e dos amigos, além do apoio de todos, nos deram ainda mais força e fizeram muita diferença. Os casos iam se aproximando: a prima de um amigo, a colega de trabalho do vizinho etc. Vimos que não estávamos sozinhos.

Na academia em que trabalho, conheci várias crianças com Down. Três praticavam natação: de manhã um menino, que não conheço, e à tarde, uma menina linda – uma graça, simpática, sorridente, um amor –, além de um menino um pouco tímido, que me faz recordar a minha infância, pois eu também era bastante tímido.

Cada ultrassom era esperado ansiosamente. Queríamos ver cada vez mais nosso bebê. Cheguei a notar uma covinha em seu queixinho, como o

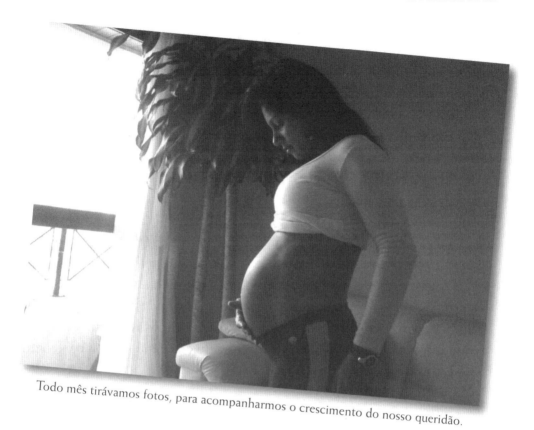
Todo mês tirávamos fotos, para acompanharmos o crescimento do nosso queridão.

meu e o da Dani, além de seus dedinhos, seu corpinho encolhido. E aquele amor ia crescendo a cada dia. Todos os meses, eu filmava e fotografava cada ultrassom e pedia a Dani que me deixasse registrar imagens da sua barriga para ver nosso bebê crescendo. Para não me chamar de mentiroso, veja as fotos depois, ficaram maravilhosas!

Mas quero dizer que nem tudo nesse período foi um mar de rosas. Muitas vezes, ouvi de diversas pessoas coisas de que não gostei. Umas, engoli; outras, retruquei; mas nunca briguei. Procurei sempre orientá-las para que não errassem como eu já havia errado, julgando e discriminando.

A vinda do Rafa era maior do que tudo, deixei de me preocupar com coisas de menor valor. Cheguei a ouvir de uma pessoa que, se ela tivesse nascido com Down, se mataria. Quanta ignorância! Falei que meu bebê tinha síndrome de Down e essa pessoa ficou extremamente sem graça. Então expliquei-lhe, dentro do pouco que conhecia, sobre a síndrome.

O ser humano, por muitas vezes, não se lembra de que existe uma força maior e que somente Deus tem o direito de tirar a vida de alguém. Depois da vinda do Rafa, comecei a valorizar mais minha vida, as pessoas e as dificuldades.

O conteúdo deste livro não chega nem perto de tudo isso que vivi. O mundo pode acabar, posso perder o meu emprego, mas não existe momento melhor e mais feliz do que chegar em casa e ver aquele rostinho, ou como toda manhã, quando ele me recebe em seu quarto com um sorriso. A hora em que ele acorda e sorri para nós é muito linda. Quando escuto alguém dizer que, ao despertar, fica de mau humor e só fala com as pessoas depois de tomar um café ou ler o jornal, vejo quanto tempo perdemos na vida. Tantas pessoas gostariam de levantar da cama com saúde, apenas levantar, e não podem, mas mesmo assim acordam sorrindo, enquanto muitas outras não percebem a dádiva de estarem vivos. Todos deveriam acordar sorrindo, como o meu bebê, porque Deus quer ver a gente sorrindo e feliz. E isso é o mínimo que podemos fazer para Ele.

Sonho realizado

Acompanhei a Dani em cada exame, em cada ultrassom. Foram muitas idas e vindas a médicos. Os cuidados eram redobrados. Sempre fui muito ansioso, e isso aumentou nessa época. Quase fiquei louco, queria muito meu gato comigo. Uma carência natural. Sempre gostei de abraços e não via a hora de poder abraçar meu filho querido. Abraços sempre nos fazem muito bem. Tente se lembrar de um abraço que tenha durado mais de cinco minutos! Como a troca de energia é positiva e nos renova a alma! Infelizmente, as pessoas se abraçam pouco. Precisamos nos abraçar mais, pois assim o mundo seria bem diferente.

Meu aluno Vini me emprestou um filme que se chama *O segredo*, e agora falo para vocês que o segredo não foi todo contado ao longo da história. O filme, que é mais um documentário, fala do pensamento positivo, da força do pensamento. Por que não unir as duas coisas, pensar positivo e agradecer antecipadamente por aquilo que se espera? Experimente!

Por exemplo: hoje é 14 de setembro de 2007. São exatamente duas horas e quarenta e dois minutos da madruga. Só vou parar de escrever este livro quando meu pretinho fizer um ano, que será em 4 de outubro de 2007. Estou escrevendo com toda a força do meu pensamento e amor no coração. Meu Pai querido, obrigado por me deixar fazer este livro e permitir que esta obra faça sucesso e ajude tantas pessoas! Agradeço-Lhe. Tenha certeza, este pensamento mudou a minha vida.

O dia do nascimento do Rafa vinha se aproximando. Meu encontro com ele nesta vida estava prestes a acontecer. Era 4 de outubro de 2006, por volta das quatro da tarde, quando a Dani me ligou e disse uma frase da qual que nunca me esquecerei: "A bolsa estourou.". Naquele momento, vi meu sonho se realizando. Ter meu bebê, poder beijá-lo à vontade, sem ter de devolver no final. Um bebê só meu, do meu sangue, foi o momento mais especial da minha vida. Saí do trabalho voando e fui para casa. A Dani ainda arrumava a mala, o que eu já vinha pedindo havia meses para que ela fizesse. Desesperado, parecia que era eu quem ia ter o bebê. Comecei a gritar, não sabia o que fazer. Eu, que sempre fui tão calmo. O trânsito estava terrível naquele dia. A Dani me disse que o médico havia informado que, do momento em que estoura a bolsa, tem-se aproximadamente umas duas horas até a primeira contração, até a situação ficar crítica. Diante do trânsito complicado, eu já estava quase pedindo ajuda a dois policiais da Rocam (Rondas Ostensivas com Apoio de Motocicletas) que passavam por nós. Já estava achando que o parto do Rafa aconteceria em plena avenida Domingos de Morais, zona sul de São Paulo.

Parei de correr e fomos contando os intervalos das contrações, que eram de três minutos cada. Em vez daquele negócio de dar charutos no nascimento do filho, a caminho da maternidade, feliz da vida com o acontecimento, eu queria até distribuir dinheiro para as pessoas na rua, tamanha era a minha alegria.

A Dani não deixou, e eu só tinha mesmo setenta reais na carteira. Não daria para fazer a alegria de muita gente.

Chegando ao hospital, a Dani foi se preparar para a vinda do meu gato e eu não queria perder nenhum detalhe do nascimento do meu "gotoso". Colocaram roupas de médico em mim, com máscara e tudo. As enfermeiras e as médicas que passavam até me confundiam com George Clooney, da série *Plantão médico!* Brincadeirinha! Só para descontrair. Se bem que até parecia mesmo um pouco!

Por volta das dezenove horas, fui chamado para a sala de operação. Fiz questão de acompanhar tudo, desde o primeiro corte na barriga à costura do útero, que fotografei, mas não coloquei neste livro por ser uma imagem muito forte. O vídeo do parto ficou muito expressivo. Fiz algumas imagens, mas quem tem estômago fraco, não aconselho assistir. A própria Dani só foi ver as imagens depois de oito meses. Ela viu só a parte em que o Rafa saiu de sua barriga até a minha expulsão da sala, quando o dr. Marcos disse: "Chega, para você acabou. Você verá seu bebê em breve. Vamos levá-lo lá para cima!".

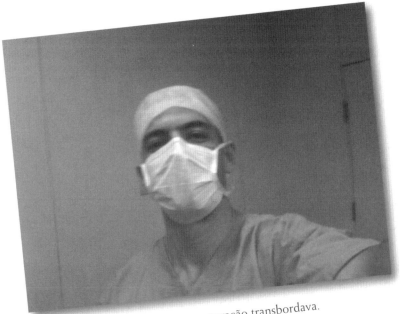

Antes do parto, meu coração transbordava. Não sabia o que fazer com tanto amor.

O primeiro contato

Os fatos relatados daqui em diante mudaram meu futuro, meu destino, minha vida. Fiquei com a Dani ainda por uns momentos, acalmando-a e fazendo carinho em seu rosto. Ela foi maravilhosa, e o Rafa deve ter escolhido a dedo esta mãezinha.

Antes de o Rafa nascer, o médico me disse: "Fique aí conversando com sua mulher. Quando eu lhe avisar que ele irá nascer, vá para aquela parede, fique lá encostado, e se passar mal, agache e deite-se no chão, que depois eu cuido de você.".

Ele nem terminou de falar e eu estava no pé da cama, debruçado em cima dele, quase pondo a mão para ajudar no nascimento do bebê. Ele deu um grito e disse: "Não chegue perto de mim, estou esterilizado!".

Naquele momento, ele cortava a pele e puxava a carne. Uma verdadeira aula de anatomia. A Dani falava do outro lado do pano azul para que eu não fotografasse antes do parto, mas ela nem imaginava que eu estava até filmando.

Quando eu menos esperava, apareceu meu bebê, especial, lindo. A linguinha, já para fora, parecia procurar pelo leite da mãe. Aquele rostinho mudaria meu destino. Um chorinho fino, que logo parou. Lá estava meu bebê, com quem eu tanto sonhei. Tão querido, meu sangue, me senti forte, especial, anestesiado, agradecido ao meu Pai por meu filho e minha esposa estarem bem. Obrigado! Obrigado! Não me canso de agradecer até hoje a Deus por essa experiência maravilhosa que é a paternidade.

Minha vida agora ganhava outro significado. O Rafa então voltou com a pediatra, depois da limpeza. A Dani deu um beijinho doce nele e eu também. Aquele olhinho gordinho, a linguinha para fora, meu bebê especial. Estava ali na minha frente a minha razão de viver dali para frente. Todo fofo e gostoso. Era a glória.

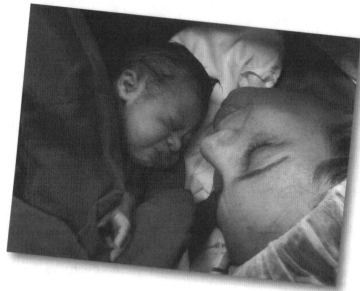

Um encontro que marcaria nossas vidas para sempre.

Dei um beijo na Dani e vi a pediatra levar meu bebê novamente. Esperei o dr. Marcos terminar os pontos e fui expulso logo depois. Agradeci à equipe e fui atrás do meu sonho, que se tornara realidade. Estava em êxtase total, ligando para todos que conhecia, avisando que o mundo havia recebido um anjo feito de carne, osso e amor.

Por volta de umas 22 horas, eu o esperava no local onde colocam as crianças depois que elas nascem. São as incubadoras. Fiquei aguardando atrás daquele vidro, até que o colocaram bem diante de meus olhos. Eu via, mas não acreditava. Havia algumas pessoas ao meu lado, que logo foram embora, e eu e meu bebê ficamos ali por mais ou menos umas duas horas. Eu chorava e pedia a Deus para que iluminasse meu filho. Rezei muito e descobri o porquê da minha existência, o propósito estava bem ali na minha frente: o meu menino. Em uma conversa com Nossa Senhora, entreguei meu filho aos seus cuidados. Pedi que fizesse dele um homem feliz, honesto, como ela me fez. Pedi que nunca o desamparasse.

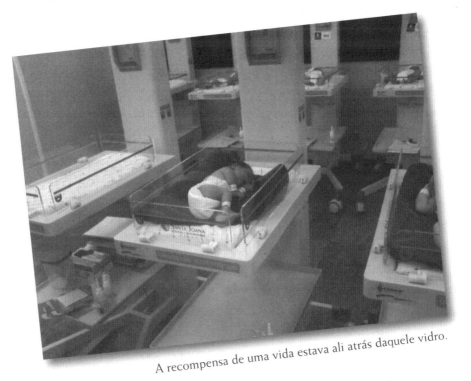

A recompensa de uma vida estava ali atrás daquele vidro.

Pedi a Deus que, se algo de ruim viesse acontecer a minha família e, agora, ao meu gato, que acontecesse comigo. Sou forte de corpo e de fé. Lembro-me de que uma vez, quando morava com meus pais, o Alfredinho sentia muita dor de cabeça. Eu era ainda moleque e pedia para Jesus fazer a dor de meu pai passar para mim.

Há algum tempo, também acabei brigando com Jesus. Porque descobri que a Deisoca, minha mãe, tinha um princípio de câncer. Eu falava para Jesus que colocasse em mim o câncer, e não nela. Mas, graças a Deus, minha mãe está bem. Ela é um espetáculo, uma guerreira.

Com o Rafa, aprendi que o sofrimento é importante para a evolução espiritual do ser humano. Todas as pessoas têm os seus resgates e as suas faltas para consertar. Portanto, o sofrimento é um aprendizado e um presente de Deus para que nos depuremos e consigamos nos aproximar Dele, mesmo que a passos lentos.

Se bem que é muito triste ver quem a gente ama sofrer. Hoje, nas poucas vezes em que o Rafa chorou, me senti agoniado. As gripes, as tosses, ver aquele menino sofrendo me dói. Mas sei que isso vai fazer meu gato ter mais resistência... meu guerreirinho.

Fiquei mais ou menos umas duas horas namorando através do vidro meu presente do céu. Ele se mexia e eu, apreensivo, olhava para as enfermeiras. Para elas era normal, mas para mim era meu maior tesouro, queria que elas olhassem todo tempo para ele.

O Rafa nasceu magrinho. Aquela perninha magrela, os bracinhos então, eram só pele, osso e gostosura. A fraldinha pegava até o meio das costas. Ele abria os braços e foi aí que descobri que ele já gostava de praia, assim como o pai. Ele parecia tomar sol naquela incubadora. Logo depois, chegaram a vovó Valda e o vovô Juarez. Em seguida, a vovó Dayse e o vovô Alfredo com toda a galerinha. Dividi a minha alegria com eles. A Dani demorou muito mais. Era de madrugada quando ela foi para o quarto. Em seguida, levaram nosso gatinho, para delírio do público. Foi lindo o momento em que o peguei no colo. Ele só dormia e eu com tanto para lhe falar. Ele dormia melhor em meu peito, se aconchegava e desmaiava e eu não queria colocá-lo no berço em hipótese alguma. Queria sentir aquele calor.

Foi nesse momento que tivemos nosso primeiro contato íntimo com um bebê Down. Você percebe que até agora não foi nenhum "bicho de sete cabeças" e, mesmo que fosse, Deus não dá um fardo mais pesado do que aquele que podemos carregar.

Foi uma noite maravilhosa com ele em nosso quarto. Exausta, a Dani desmaiou de sono e eu fiquei a noite toda com ele no colo, beijando, cheirando e rezando para que tudo desse certo, pois sabia que dali em diante viriam as fisioterapias, as sessões de fono, os exames, e saberíamos que rumo teríamos de tomar. O ortopedista o examinou no dia seguinte e nos tranquilizou. O Rafa não tinha nenhum problema ortopédico visível. Descobrimos que bebês com Down têm frouxidão na cintura pélvica. O Rafa

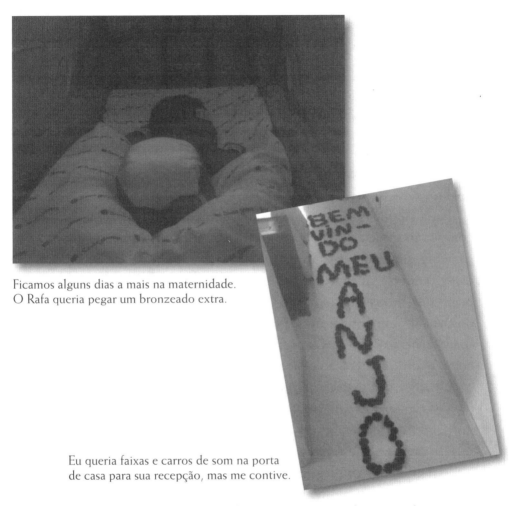

Ficamos alguns dias a mais na maternidade. O Rafa queria pegar um bronzeado extra.

Eu queria faixas e carros de som na porta de casa para sua recepção, mas me contive.

não tinha esse problema. O cardiologista nos tranquilizou também, pois não havia detectado nada de preocupante. Exames futuros nos desenhariam melhor a situação do nosso bebê. A dra. Fernanda, cardiologista do Rafa, em um exame futuro, confirmou o que o médico nos informou logo que ele nasceu.

Na maternidade, um exame detectou icterícia. Logo perguntei se esse era um problema de bebê com Down ou se todo bebê poderia ter isso. A gente sempre faz essa pergunta. O médico explicou que qualquer recém--nascido pode ter esse problema, inclusive os prematuros, como o Rafa, que nasceu de 35 semanas.

Pedimos às enfermeiras do Hospital Santa Joana, que foram uns amores, para colocarem o equipamento em nosso quarto, e lá o Rafa ficou por três dias. Parecia que ele estava tomando sol no Caribe. Vejam as fotos e as poses que ele fazia. O papai *paparazzo* fotografava. Como ficamos mais dias na maternidade, tive de voltar várias vezes para casa.

Em uma dessas ocasiões, preparei uma recepção de boas-vindas para o Rafa, e com pétalas de rosas escrevi: "Bem-vindo, meu anjo". Fiz um vídeo em que choro muito e quero que ele veja quando puder entender. Foi maravilhoso.

Na maternidade, um dos médicos, um bem velhinho, já nos mostrou, com sua inocência, o que teríamos pela frente. Mas eu não o culpo. Antigamente, se denominava assim um bebê com síndrome de Down. Ele nos disse: "Vocês já sabem que o bebê é 'mongolzinho'?". Nós falamos que já sabíamos desde o segundo para o terceiro mês de gravidez. Ele nos recordou dos exames que teriam de ser feitos, dos cuidados e dos procedimentos-padrão para o bebê Down. Explicou-nos o porquê do Down, ou seja, como ocorria a alteração genética.

Ele disse que essa alteração acontece durante a divisão celular do embrião. O indivíduo com síndrome de Down possui 47 cromossomos e não 46, sendo o cromossomo extra ligado ao par 21. A alteração tem nítida relação com a idade da mãe, que nesse caso tinha 36 anos. Isso vem associado a comprometimento intelectual e a hipotonia, que é a redução do tônus muscular. Ao mesmo tempo, estava agradecido e um pouco assustado com aquelas informações, que até conhecíamos, mas o fato de sermos lembrados de tudo aquilo nos deu uma visão geral do que estava por vir. No corredor, pedi mais algumas informações a ele, que prontamente começou a falar das porcentagens do Down, como do comprometimento intelectual, da hipotonia, da fenda palpebral oblíqua, do aumento da vascularização retiniana, da microcefalia, da hiperextensão articular, das mãos largas e dos dedos curtos, da baixa estatura, da clinodactilia do quinto dedo, dos defeitos cardíacos, das orelhas de implantação baixa, das orelhas displásicas, do epicanto etc. Escrevi tudo isso e não mostrei para a Dani. Acho que iria assustar demais a minha "mãezinha linda".

Disputando o Rafa

Quando chegamos em casa, a Dani se emocionou com as pétalas de rosa e com os dizeres para o Rafa. Ter o bebê em nossa casa era mais do que tudo, e na primeira noite ele já dormiu em seu quarto. Tudo bem que, a cada respirada mais forte, corríamos para ver se ele estava bem.

Quando completamos um ano de casados, a Dani engravidou, mas do segundo para o terceiro mês, perdeu o bebê por malformação do feto. Nosso medo de acontecer alguma coisa com o Rafa era enorme. Escutamos cada história por aí, que bastava ele se virar que já corríamos para ver. A casa era, e é até hoje, muito mais silenciosa. O dono da casa havia chegado. Tudo era para ele.

Os dias foram passando e o inchaço inicial que todo bebê tem ao nascer foi passando também. Pudemos ver melhor seu rostinho. Sem dúvida, era a cara do pai com o queixo da mãe. Um verdadeiro e legítimo anjo. Dormia a noite toda. Não chorava e sempre acordava com um sorriso lindo, banguela, mas lindo. Aquela linguinha sempre para fora se tornou um charme naquele garoto. Aonde íamos, e é assim até hoje, todos mexiam com ele. Fomos ao casamento de um amigo – o Tossuni, cardiologista maravilhoso que me deu e dá muitos conselhos – e, depois da cerimônia, as pessoas vinham mexer com ele. Dar beijinhos, falar com ele. Ele estava bem-arrumado. Naquela época, o Rafa tinha mais ou menos dez meses e compramos uma roupa social para ele, com gravata e tudo. Veja a foto. E acredite, ele ficou a festa toda com a roupinha, mesmo depois de encher a cara de leite. De vez em quando, dava umas lambidas na gravata, que parecia sorvete na sua mão.

Seu primeiro casamento, lindo e elegante.

Continuo disputando o Rafa. Até hoje eu e a Dani competimos na hora de pegá-lo no colo. E ele adora essa disputa. Quando falo "ataque libanês", um modo carinhoso de enchê-lo de beijos, ele grita. Não sei se de alegria ou de desespero, mas que ele adora, adora.

No primeiro mês, ficamos meio perdidos, ouvindo de tudo e de todos. Façam isso, levem-no para lá, para cá. Começamos a fisioterapia na Unicid, indicada por um amigo, o Sérgio, professor de natação da academia onde trabalho. Foram momentos especiais. Cris, uma professora muito carinhosa, e os alunos muito atenciosos nos emocionavam com todo aquele carinho. Era até engraçado. Era só alguém falar com ele ou dele, que eu corria para não chorar; me emociona o carinho das pessoas para com ele. Afinal, não sabíamos a resposta que teríamos dos outros.

Na Unicid, fazendo fisioterapia com a Profª Cris, maravilhosa.

A Dani é linda, corpo malhado, professora de educação física. Eu também, todo "musculosinho", chamávamos a atenção pelos nossos corpos e nossa simpatia por trabalharmos com o público. Agora chamamos a atenção também por andar com um bebê Down. A sociedade ainda se assusta com as diferenças. Cheguei a ouvir: "Olha, deve ter tomado bomba, o nenê nasceu com problema!". A novela *Páginas da vida*, exibida na Rede Globo, foi uma grande coincidência, pois foi ao ar na época do nascimento do Rafa. A história da Clara nos deu muita bagagem e coragem, e dicas sobre o que fazer em determinadas situações. Mostrou para a sociedade o Down. Eu não perdia um capítulo. Os alunos me enchiam. Segurei o choro por muitas vezes em alguns capítulos, em depoimentos que passavam no fim da novela. Minha mãe me ligou e perguntou se eu tinha visto o depoimento de um menino que luta judô, já viajou pelo mundo e é Down. Ela guardava para mim todos os recortes de jornal que falavam da síndrome.

O Rafa é o primeiro neto da minha família. Todos nós estávamos muito ansiosos para a sua chegada. Os olhos eram sempre voltados para ele e para as informações que o cercavam.

Batizado

O batizado do Rafa era para ter sido em Aparecida, mas naquela época o padre da paróquia próxima, o Carlinhos, começou a treinar na academia onde eu trabalho. Ele me convenceu a batizá-lo em sua paróquia. No dia seguinte ao batizado, levei-o a Aparecida e fiz sua consagração a Maria. Para evitar problemas futuros com papelada, acabei batizando-o aqui, em São Paulo, mas não deixaria de consagrá-lo, em hipótese alguma, em Aparecida. Entreguei-o nos braços de minha mãe e, por coincidência planejada, ele foi batizado no dia de meu aniversário. Eu queria essa referência em minha vida. Dia 2 de fevereiro.

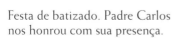

Festa de batizado. Padre Carlos nos honrou com sua presença.

SÍNDROME DE DOWN

Começamos a fazer sessões de fonoaudiologia para acelerar o processo de desenvolvimento do nosso gatinho. Um dia, saindo da sessão de fono, lá estava o Gabriel, um dos meninos mais lindos que conheci em minha vida, nome de anjo. Coincidência ou destino, ele estava ali sentado, quietinho, esperando sua vez, quando saí e o mostrei para o Rafa. Disse: "Filho, olha o seu amiguinho.". E me abaixei.

Em Aparecida, como havia prometido, consagrei-o a minha Mãezinha linda.

O Gabriel ficou louco. Disse para seu pai: "Olha, papai, que gracinha de bebê!". Em seguida, pegou em sua mão e a beijou. Depois, me perguntou o nome dele eu disse: "Rafael.". Fiquei com um nó na garganta, e não conseguia falar. Aquela criança, com no máximo cinco ou seis anos, demonstrava um amor, um carinho tão grande, tão espontâneo... O Gabriel estava fazendo fono lá com o Rafa, porque ele possui a mesma síndrome, apesar de falar perfeitamente.

A tia Katia estava há um bom tempo com ele, desenvolvendo um trabalho maravilhoso. Em outra sessão, ele fez uma cartinha para o Rafa, dizendo que queria conhecer a nossa casa. Realmente, uma graça de menino. Falei para a Dani que vim para este mundo para presenciar cenas como essas, que me dão força. Foi muito revigorante.

O Rafa me dá muito mais coragem para encarar a vida e os preconceitos que estão por vir. Espero que meu bebê cresça e seja como você, Gabriel.

Um dia, no *shopping*, ele estava no carrinho alguns passos à frente com a mãe, e eu vinha atrás, de braços dados com meu pai, conversando. As pessoas passavam, olhavam e comentavam: "Olha, o bebê tem Down!". Outros brincavam, mexiam com ele. Eu pensei: "Quando é que a sociedade vai se acostumar com as diferenças? Será que isso vai magoar meu filho?". Em um *site* sobre Down, havia um desenho feito por uma criança com a síndrome. Ela escreveu dentro de um arco-íris: "O problema não é como me pareço, mas sim como você me olha.". Não precisa falar mais nada.

Um amigo fisioterapeuta me disse: "Você vai se surpreender com eles. Parece que têm um filtro. Tudo que nos magoa ou nos chateia, para eles, passa batido. Eles só absorvem coisas boas. Estão sempre de bom humor, sempre rindo.". Ouvir isso me fez muito bem. Não quero ver meu filho triste, magoado. Ele é a alegria da minha vida. Sorrio hoje por tê-lo ao meu lado, sorria antes por saber que um dia o teria, sorrirei sempre. Ele fará parte de mim por todo o sempre, meu gatinho, meu gostoso, meu querido.

Certo dia, na missa do padre Carlos, uma moça que estava ao nosso lado se aproximou e disse: "Nunca vi um bebê tão querido como esse. O pai passou a missa toda beijando e conversando com ele.". Eu agradeci, dizendo que esperava por ele havia muitos anos. Agora que ele estava aqui, tudo o que conseguia fazer era beijá-lo e abraçá-lo.

Com os meses, o Rafa foi criando corpo. Começamos a fazer os exames e os resultados não poderiam ser melhores. Outro ortopedista examinou-lhe especificamente o tendão calcâneo e nos disse que o Rafa tinha uma frouxidão normal para seu quadro. Mas, se ao completar um ano ele não andasse, pediu que o levássemos novamente à clínica. Disse: "Colocarei uma palmilha e ele sairá andando na hora daqui.". E sorriu.

A cardiologista, dra. Fernanda, pediu alguns exames e nos explicou que o Rafael tinha uma ligação de um átrio para o outro. E aí veio a minha pergunta: "É de Down ou todo mundo pode ter?". Ela me falou que qualquer bebê poderia ter. Mas no caso do Rafa não seria preciso intervenção, se com um ano não se fechasse, não haveria problema, ele levaria uma vida saudável como a gente. Ele poderá praticar esportes sem problema algum.

O que me intrigava era o fato de eu, como professor de musculação, e a Dani, instrutora de ginástica, termos nosso filho com frouxidão muscular. Alguém poderia me explicar o que estava acontecendo? Mas o Rafa vem explicando todos os dias por meio de sua superação.

Eu sempre quis fazer algum tipo de trabalho voluntário voltado à minha área. Quando a Dani estava grávida do Rafa, certo dia, eu estava levando alguns mantimentos ao abrigo das crianças na igreja São Judas; dei meu nome para as moças da recepção e me coloquei à disposição para o voluntariado. Passaram-se alguns meses, o meu gato já tinha nascido nessa época, e me chamaram. Falei para a Dani: "Foi só o Rafael chegar que as coisas boas chegaram juntas.". Sabe aquela história que diz que coisa boa atrai coisa boa? Acredito nisso, e lá fui eu. A coordenadora, a Elizabete, me apresentou as crianças. Eram estudantes de primeira a oitava séries e não eram só as crianças do abrigo. Também havia as que faziam ali um reforço escolar. Foram meses maravilhosos. Programei meus compromissos com os do Rafa, seus médicos, fisioterapias, a natação e a fono, que tinha de revezar com a Dani, pois toda quinta-feira, das oito às onze, ficaria com eles.

Sou professor de musculação e nunca havia trabalhado com crianças, mas me virei muito bem. Quando eu precisava faltar por algum motivo, me davam bronca, e no dia em que levei o pequeno lá, foi uma festa. Eu estava sempre falando dele, e todos ficavam curiosos para conhecer nosso gatinho. Uma menina, que tinha começado naquela semana, me puxou pelo braço, me olhou no olho e pediu: "Tio, deixa eu segurar esse bebê.". Eu respondi: "Mas aí todo mundo vai querer também, querida.". Ela me olhou de novo nos olhos e disse: "Eu preciso segurar esse bebê, tio!". Ela deveria ter uns cinco anos e, por algum motivo, não entrei no mérito. Foi emocionante. Eu fui até um banco com toda aquela criançada em volta. Coloquei-a sentada e pus o Rafa no colo dela. Não consegui dizer não. Nessa hora, todo mundo foi para cima dele, passando a mão na sua cabeça. Ele ficou meio assustado. Era muita criança em cima dele, mas continuou com seu olhar de amor, como sempre.

Uma delas falou: "Tio, ele é igual à menina da novela, a Clarinha. Tem um olho puxado.". Foi muito engraçado. Precisei abandonar esse trabalho voluntário. Não consegui, até hoje, ir lá para me despedir deles. Certamente vou começar a chorar, não vou conseguir falar e acabarei assustando as crianças. A fisio do Rafa mudou de horário e de endereço, e por isso não consegui mais fazer o trabalho.

Mas lembra-se de que eu disse que uma coisa boa traz outras? Certo dia, eu estava com a Dani e o Rafa no posto de saúde e vimos um rapaz com um bebezinho de, no máximo, dois meses. Aproximei-me dele e perguntei: "É seu filho? Que gracinha!". Ele me respondeu que não. Então perguntei novamente se era afilhado, primo ou coisa assim. O rapaz disse novamente que não. Eu olhei para a Dani e disse: "Mas então o que ele é seu, querido?". Ele falou: "Não é nada. Ele é de uma casa de apoio. Sou enfermeiro. Quando precisa dar vacina neles, me ligam e eu vou até lá. Pego os pequenos e trago-os aqui.". Esse rapaz acabou me dando o endereço do local e, no dia seguinte, quando havia deixado as crianças da igreja São Judas, fui atrás e encontrei o lugar. Lá as crianças ficam à espera de adoção. Fiquei maluco quando vi aquele monte de bebês. Quando o Rafa nasceu, descobri que meu amor era muito grande e poderia ser compartilhado. Havia encontrado um novo lugar para dividir esse amor. Sei que o Rafa me apoiaria nessa nova jornada. Poderia ir e ficar uma horinha por dia ou mais, dependendo da minha disponibilidade. São bebês abandonados pelos pais, portadores de HIV. Só crianças lindas. Abraço um de um lado e beijo mais um de outro. Sinto-me no paraíso com aquele monte de bebês precisando de atenção e carinho. E isso eu tenho de sobra. Tudo isso o Rafa me deu. Descobri que muitas das crianças que nascem soropositivas podem, até seus dois anos, negativar o HIV. Fiquei sem fala e tive mais uma vez a certeza da existência do meu Jesus. Levei meu gato lá também. As tias sempre perguntam dele, ele adora ir lá; eu o coloco sempre com a Ana Júlia, uma menina de alguns meses que é meu dengo. Eles ficam muito bem juntos. Todos adoraram meu menino.

Para ser voluntário nessa casa, é necessário fazer um curso. No dia do curso, uma quarta-feira, a Dani dava aula durante a manhã inteira. O Rafa ficava comigo. Então levei-o para o curso. Foi uma graça. Ele ficou quietinho o tempo todo. A moça da recepção, que preparava os certificados, me ouviu chamar seu nome e na hora em que acabou o curso, quando íamos embora, fez um certificado para ele também, que dormiu nos minutos finais. Ela disse: "Ele assistiu 90% da palestra, tem direito a um certificado.". Meu bebê já pode ser voluntário e ajudar outras pessoas. Só o Rafa mesmo!

Meu amor com seu diploma de voluntariado.

As palavras amigas e o carinho que recebemos foram muito importantes. Tenho certeza de que o Rafa sentiu o mesmo quando chegamos na fisio e as moças da recepção queriam mexer com ele. Na escolinha, ele é o caçula da turma, o xodó. A Dani fica até um pouco emocionada com a Teka, uma das tias, que o pega no colo e ele vai sorrindo, nem ligando para a mãe e sem olhar para trás. A Teka diz que sempre vêm professoras de outras turmas, só para vê-lo.

Segundo as tias da natação, que ele começou a fazer com acompanhamento efetivo do pai, ele é o Rafael "Borges", um peixe. A professora me pediu na primeira aula: "Marcelo, não mergulhe a cabeça dele na água.". Eu obedeci, mas na aula seguinte fiz ele beber um pouco de água.

Falei para ele: "Você dorme, não trabalha, vive mamando nos peitos da mãe, sem local ou horário, faz cocô a toda hora e vem sempre alguém para limpar. Ninguém vem contar seus problemas, ou seja, sua vida é uma moleza. Então que mal faz beber um pouco de água?". E ele, com aquele olhar que eu chamo olhar de Deus, afundou a cabeça e saiu cuspindo com o olho mais arregalado que já vi e a língua quase saindo da boca. Foi muito engraçado. Ele adorou. Rimos muito na hora e depois também. A mãe, apavorada, ficava atrás do vidro me dizendo para não fazer aquilo. A sunga estava um pouco grande para ele e, cada vez que eu o tirava da água, seu "reguinho" aparecia. Eu ria de chorar. Aquela bundinha magrela aparecendo. Foi muito gostoso ficar agarradinho com ele na piscina. Toda terça e quinta para mim é uma alegria.

Eu não perdia uma aula com meu nadador predileto.

Certo dia, a Dani me pediu para levá-lo para a escolinha. Ele já estava lá havia alguns meses. Lá fui eu. Até aí, tudo normal. Fomos conversando, e ele dava suas gargalhadas. Quando o deixei na mão da professora, virei, corri para o carro e comecei a chorar. Liguei para a Dani e falei que tinha deixado nosso bebê na escola. Ela riu e me perguntou por que eu estava chorando. É que fiquei triste de deixar meu nego ali sozinho, sem a gente por perto.

Nessa história, não posso deixar de falar da Heloísa. Em uma missa do padre Carlos, no momento em que desejamos paz de Cristo, uma menina de uns oito ou nove anos cutucou meu ombro e disse: "Posso dar um beijinho de paz de Cristo nele?". Foi lindo. Ela beijou sua testa e sua mãozinha. Eu perguntei seu nome e falei que o dele era Rafael. Ela me beijou, beijou a Dani e fez mais um carinho no Rafa. Quando ela saiu andando, caí em prantos. A Heloísa é Down também. Eu me perguntei: "Será que outra criança teria a mesma sensibilidade e o carinho que ela teve?". Pedi naquela hora para que Jesus, meu Pai, fizesse que meu filho fosse igual a ela e ao Gabriel. Que crianças maravilhosas, que bênção tê-las conhecido! Pai, obrigado!

Heloísa e suas irmãs na missa de domingo.
Sempre assediado.

Conhecemos seus pais depois da missa e ficamos sem palavras, maravilhados. Outro dia, depois da missa, a Heloísa me pediu para segurar o Rafael. Dei o Rafa na mão dela, mas não saí de perto. Foi lindo ver meu tesouro no colo dela. Ele adorou, porque todas as irmãs da Heloísa resolveram pegá-lo também. Aquele monte de mulher em cima dele. O Rafa ficou doido.

Grande dia

A moda do momento é a do "pai moderno". E me considero moderno. Deixe eu explicar melhor o que significa ser um pai moderno. Quando estamos na rua com o Rafa, sempre vemos casais com bebês e malas gigantes, carrinho etc. Pela Dani, faríamos o mesmo, mas quando estou com o gostoso eu sou só dele. Não consigo colocá-lo no carrinho. Quero-o no meu colo e ele, que não é bobo nem nada, quer ficar no colo também. Minha mãe diz que fazendo isso, o Rafa só vai querer ficar no colo e não dará sossego quando quisermos fazer alguma coisa, mas daqui a pouco ele faz dezoito anos e não vou poder pegá-lo mais no colo. Sabia disso, mas não queria transportar malas, mamadeira, brinquedos e trocas de roupas que atrapalham carregar o bebê.

Como gosto muito daquelas calças com bolsos nas pernas, pego tudo o que é necessário para o Rafa e espalho pelos bolsos.

Outro dia no *shopping*, minha mãe me disse: "Você não trouxe a malinha do Rafa. Agora, ele está com fome.". Sentamos na praça de alimentação e de um dos bolsos tirei a papinha dele, de outro a colherzinha e de outro o paninho de boca e dei a comidinha. No final, ela me olhou, pegou-o no colo e me disse: "A fralda dele está cheia. E agora, senhor Marcelo, o que irá fazer?".

De outro bolso, puxei uma fralda e o lenço umedecido e fomos trocá-lo no fraldário, onde seu padrinho, meu irmão Paulo, o fez com grande habilidade, já treinando para quando tiver seu filho. A Deisoca, mesmo assim, continuava me olhando. E eu disse a ela: "Sou um pai moderno. Meus braços são para carregar meu gostoso, não para levar bolsas e mais bolsas.". Quem me vê com o Rafa na rua, vê somente pai, filho e amor. As tralhas estão espalhadas pelos bolsos.

O Rafa nasceu no dia de São Francisco de Assis. Que coincidência maravilhosa! Eu adoro animais e espero que ele venha a ser um grande defensor deles também. Uma aluna fez uma viagem para a Itália, a mãe da Renata, a primeira fono do Rafa, e me emocionou quando voltou para a academia e me trouxe um chaveiro. Adivinhe de onde era. Ela tinha visitado Assis e me presenteou com um chaveiro de São Francisco de Assis. Ela não sabia que o Rafa tinha nascido naquele dia.

Festinha de aniversário em casa, no colo da Fê, dia 4/10/2007.

E chegou o grande dia. Meu gostoso iria fazer um ano. A festa foi linda. No dia 4, uma quinta-feira, fizemos um bolinho para ele em casa. Aprendi que esse dia é especial e não pode passar sem bolo ou um simples parabéns. No sábado seguinte, fizemos uma festa no bufê. Foi emocionante. Todos adoraram. Agradeço a todos que foram e fizeram da festa do meu gato a mais legal. O Flávio, um amigo nosso, fez uma retrospectiva que emocionou a todos. Fiquei com ele no colo, contendo as lágrimas que caíam dos meus olhos, podendo compartilhar aqueles momentos com minha família e amigos. Adorei cada instante da festa. O amor que todos demonstravam foi demais. Era uma disputa. Todos queriam pegá-lo no colo e tirar fotos. O Rafa achava uma festa. Aquele momento era só dele.

A Dani teve a ideia de pedir no convite que as pessoas não levassem presentes para o Rafa. Pediu roupinhas infantis usadas e brinquedos para que doássemos para a casa de apoio na qual sou voluntário, e todos colaboraram. Agradeço também esse gesto. Vocês foram ótimos.

E no dia 7/10/2007, festa com todos os nossos amigos. Inesquecível.

A vida nos prega muitas peças, e sempre nos dá sinais. Precisamos estar atentos, precisamos nos amar mais, olhar para o próximo como se fosse nosso irmão; um gesto, uma palavra amiga ou um sorriso tem força para interromper uma guerra. Se os seres humanos se abraçassem mais, tudo seria diferente. Nunca devemos julgar, discriminar. Não sabemos o dia de amanhã, e uma coisa que eu sempre digo e faço é colocar-me no lugar da outra pessoa, seja no trânsito, em casa, no trabalho... Faça para o outro o que você gostaria que fizessem para você. Sua vida irá mudar e você será amado por todos que estiverem à sua volta.

Agradeça sempre não só as coisas boas que acontecerem e que são normais em suas vidas. Agradeça as coisas ruins também, pois as dificuldades existem para nos fazer maiores e mais fortes. E agradeça as coisas com as quais você sonha, agradeça antecipadamente a promoção, o carro novo, o futuro mais feliz de todos. Eu agradeci o sucesso deste livro, mesmo antes de pensar em escrevê-lo. E olha só o sucesso que está fazendo.

Escrever um livro, ter um filho e plantar uma árvore – esta árvore da foto, nós ganhamos em uma feira de esportes. A moça deu para o Rafa. Ainda é uma mudinha como ele. Precisa ficar em um vasinho pelo menos um ano para depois ser plantada em um lugar bem lindo que o Rafael irá escolher. Vão crescer juntos. Quero que ele acompanhe o crescimento dela, ajudando em sua evolução.

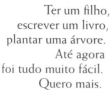

Ter um filho,
escrever um livro,
plantar uma árvore.
Até agora
foi tudo muito fácil.
Quero mais.

Este é o relato de um pai apaixonado que deseja, com este livro, levar um pouco de esperança para aquele pai que descobriu que seu bebê também terá Down. Fique tranquilo, porque você não está sozinho.

Para aquele pai que tem seu filho com algum outro problema, abrace-o. Faça como eu faço. Declare sempre seu amor, como eu faço com o Rafa.

Diga-lhe que ele é tudo em sua vida e que não vive sem ele. Quero ver o Rafa com vinte ou trinta anos e poder falar do meu amor, abraçar, andar de braços dados com ele como faço com meu pai.

Rafael, não vivo sem o seu sorriso ou sem o seu abraço. Chorei de alegria quando você nasceu e quero chorar mais de emoção dos seus feitos e dos seus atos. Você é tudo o que sempre sonhei. Amo você, Rafa, meu filho, minha alegria, minha salvação. Agradeço o fato de você ser meu. Tinha de ser você! Um dia leremos este livro juntos. Quero que faça o mesmo pelos seus filhos. Você os terá e os amará, e saberá o quanto o amo. Verá que a vida é linda, que as pessoas são maravilhosas. As soluções para os problemas estão dentro de cada um de nós. Só depende de nós mostrarmos para todo o mundo que todos somos diferentes. Tudo é diferente, e o que é diferente, é lindo, como você, meu gato lindo!

Certo dia, um amigo da academia, o Marquinhos, me emprestou um livro de parábolas. Ao ler, me identifiquei com uma chamada: "Pegadas na areia", que começa assim:

Uma noite, eu tive um sonho...

Sonhei que estava na praia com o Senhor e, através do céu, passavam cenas da minha vida: para cada cena que se passava, percebi que eram deixados dois pares de pegadas na areia: um era o meu e o outro era o do Senhor.

Quando a última cena da minha vida passou diante de nós, olhei para trás – para as nossas pegadas – e notei que, muitas vezes, no caminho da minha vida havia apenas um par de pegadas na areia.

Notei também que isso aconteceu nos momentos mais difíceis e angustiosos do meu viver. Isso aborreceu-me deveras e perguntei, então, ao Senhor:

"Senhor, tu me dissestes que, uma vez que eu resolvi te seguir, tu andarias sempre comigo por todo o caminho, mas notei que, durante as maiores atribulações do meu viver, havia na areia dos caminhos da minha vida apenas um par de pegadas. Não compreendo por que nas horas em que eu mais necessitava de ti – tu me deixastes..."

E o Senhor respondeu:

"Meu precioso filho, eu te amo e jamais te deixarei, ainda mais nas horas das tuas dificuldades e dos teus sofrimentos. Quando vistes na areia apenas um par de pegadas foi porque, exatamente nesses momentos, eu te carreguei nos meus braços."

E quando acabei de ler essa parábola, descobri que nos meus sonhos, quando olhava para trás, nos momentos alegres e felizes, assim como nos momentos de dor e de tristeza, via apenas um par de pegadas. Descobri que, por toda a minha existência, o Senhor sempre me carregou em seus braços e vejo que Deus não prometeu dias sem dor, risos sem sofrimento, sol sem chuva. Ele prometeu força para o dia, conforto para as lágrimas e luz para o caminho. E isso é tudo o que eu preciso para o meu "doce-doce", como o chamo carinhosamente.

Fique com Deus e nunca se esqueça de que nada acontece por acaso. A vida é um presente, e as pessoas que passam pelas nossas vidas sempre terão muito a nos ensinar. Aproveite ao máximo essa oportunidade de se tornar um ser humano melhor!

A vida me mostrou que pessoas maravilhosas fazem parte dela.

Quero falar em especial da Dani, pessoa boa de coração lindo, que nesta vida, acredito, veio pra me ajudar, dando o que de mais sagrado eu poderia receber.

Tenho certeza de que nos encontramos nesta vida para facilitar a passagem desse mocinho nesta encarnação.

Atualmente não estamos mais juntos, como marido e mulher, mas estamos juntos eternamente pelo laço de amor por esse garoto que mudou nossas vidas, fazendo que o amor que sentimos por ele seja mais forte do que diferenças e incompatibilidades.

Hoje a Dani está namorando, feliz.

Sinto-me tranquilo com isso. Após a separação, ela sempre faz de tudo pra me ver bem, me permite dar banho todos os dias no Rafa e arrumá-lo para a escola.

À noite, quando saio do trabalho, ainda passo em sua casa – onde, algumas vezes, ela está namorando – para pôr meu filho na cama. Rezar com o Rafa em meu colo é muito importante para mim, depois de um dia de trabalho. Como Deus foi maravilhoso, ao colocar essa mulher especial em minha vida! Sempre brinco com ela dizendo que, se soubesse que ela seria tão boa ex-esposa, teria-me separado dela antes.

Dani, sou grato por você fazer parte de minha vida, volto a repetir que o Rafa não poderia ter escolhido mãe melhor. Quero aproveitar a oportunidade desta declaração para pedir perdão por tudo que fiz; se a magoei, peço que esqueça os momentos tristes e lembre-se sempre dos dias felizes, pois estes sempre foram ótimos, e você estará sempre em minhas orações.

Depoimentos

Mamãe Daniela

Eu me lembro como se fosse hoje, quando eu e o Marcelo acordamos com muita expectativa de fazer logo o ultrassom, pois eu já estava grávida de doze semanas e talvez pudéssemos saber o sexo do bebê.

Foi nesse dia que, ao fazer o exame, o médico nos informou que havia uma alteração na translucência nucal. Essa alteração indicava que a parte de trás do pescoço do bebê estava um pouco inchada, o que poderia ser um caso de síndrome de Down, doença que só pode ser diagnosticada entre doze e treze semanas.

Eu estava tão encantada olhando para o monitor e vendo o meu Rafinha se mexendo, que por segundos não registrei o que o médico disse. Quando dei por mim, eu estava de mãos dadas com o Marcelo. Nos olhamos e eu perguntei a ele: "Está tudo bem, Má?".

Ele me olhou e disse: "Eu vou amá-lo do mesmo jeito.". Aquelas palavras me fortaleceram, pois na mesma hora em que o médico deu a notícia, eu olhei para minha barriga e vi o rostinho do meu bebê dizendo: "Mamãe, você não me quer mais?".

Nessa mesma hora respondi espontaneamente: "Filho, eu te amo.".

Aqueles momentos foram uma mistura de sentimentos, pois eu já amava demais aquele ser que se desenvolvia a cada dia dentro de mim. Mas também veio o medo do desconhecido. Síndrome de Down! O que é? O que fazer? Como cuidar? Ou seja, tive muitas dúvidas.

Não vou dizer que não chorei, chorei muito, pois a gente sempre espera o melhor para o nosso filho. Esperamos que venha com saúde, perfeito, seja feliz etc.

Agora eu pergunto: perfeito, o que é ser perfeito?

E hoje, quando olho para o Rafael, vejo aquele sorriso, aquela meiguice, o jeito de me olhar, realmente agora eu sei o que é perfeição.

Graças a Deus, a minha gravidez foi muito tranquila; mesmo com a possibilidade da situação, eu curti cada mês. Adorava olhar para minha barriga e sentir o meu bebê se mexendo. Não há coisa mais gostosa!

Para mim, ser mãe é como estar cada vez mais próxima de Deus. Você se sente um ser abençoado, iluminado, como o Marcelo diz: "A mulher tem o dom de Deus, o dom de dar a vida.". Por isso, somos especiais.

E quando você se torna mãe, ou melhor, quando eles nascem, não dá para descrever o que se sente. É um momento único.

Não vai dar para relatar neste espaço tudo o que eu vivi com o Rafael nesses doze meses, pois o Marcelo pediu somente algumas linhas. Mas vou tentar passar mais ou menos o que é ser mãe do Rafa.

Minha vovozinha, que foi a pessoa mais maravilhosa que eu conheci na vida, a quem eu tinha e tenho verdadeira adoração, e que ainda está muito presente, nos deixou dez dias após o nascimento do Rafa.

Fiquei muito confusa, pois ao mesmo tempo que estava feliz com aquele anjinho em meus braços, eu chorava por ela ter ido sem conhecer o que de mais precioso Deus havia me dado.

Não é discurso barato, nem quero impressionar ninguém, mas só quem conhece ou convive com o Rafael ou com qualquer outra criança com alguma limitação sabe o quanto elas são especiais.

O Rafael é singular. Eu nunca vi coisa igual. Ele está sempre de bem com a vida, nunca acordou chorando e dorme a noite inteira. Levo-o para a fono, a terapia ocupacional, a fisioterapia e tudo de bom. Ele não reclama, deixa os profissionais virarem-no de cabeça para baixo numa boa, sempre sorrindo.

Ele cativa todos por onde passa, é raro alguém não se encantar com ele.

Graças a Deus, o Marcelo é o melhor pai do mundo. E o Rafa tem verdadeira adoração por ele. É a coisa mais linda quando o Má chega em casa. O Rafa fica maluco de felicidade. O Marcelo é só sorrisos para ele. Eu falo de vez em quando: "Você vai ficar com a cara cheia de rugas. Pare de rir tanto assim para o moleque!".

E quanto aos nossos familiares, todos, sem exceção, têm verdadeira adoração pelo Rafa. Às vezes, tenho um pouco de receio. Será que ele não está sendo mimado demais?

Eu acho que é por isso que o Rafa é tão feliz, tão bonzinho e tranquilo. Ele tem amor demais ao seu redor, tanto de nossos amigos quanto dos profissionais que trabalham com ele. Todos se encantam com a gracinha de pessoa que ele é.

Meu filho é iluminado.

Rafael, quando você estiver maior e souber ler, quero que saiba que todos os dias a sua mamãe agradece ao Papai do Céu por ter-lhe confiado um bebê tão iluminado, tão especial. Você é tudo na minha vida.

Eu amo acordar todo dia e saber que vou entrar no seu quartinho, olhar para o berço e ver aquela carinha feliz, querendo falar, mexendo os bracinhos e as perninhas, doido para vir para o meu colo. Eu te amo!

Ser mãe de uma criança portadora de síndrome de Down me ensinou, ou melhor, me ensina a cada dia o quanto o amor, o respeito e a dedicação são extremamente importantes para que eles possam ter um bom desenvolvimento e, o principal, para que sejam pessoas sociáveis e felizes.

Rafael, você é tudo para mim. Amo você com todas as minhas forças! Que Deus me ilumine para sempre fazer o melhor por você.

"O melhor pai do mundo", ou melhor, quase uma mãe! Nunca imaginei que o Má seria esse pai tão extraordinário; o Rafa teve muita sorte em tê-lo como pai, só faltou ele dar de mamar no peito para o nosso filho; foi e continua sendo um paizão!

Graças a Deus, conseguimos manter o carinho e o respeito um pelo outro, considero-o um irmão, e torço para que um dia encontre alguém tão especial como ele, assim como eu encontrei!

Má, você merece tudo o que há de mais belo nesta vida. Obrigada por ter-me dado a minha, ou melhor, a nossa razão de viver – o Rafa.

Vovó Dayse

Quando soube da notícia da gravidez da Daniela, foi uma alegria. Dois ou três meses depois, o Marcelo me ligou dizendo: "Mãe, o bebê pode ter síndrome de Down.". Eu quase desfaleci. A minha reação foi: "Será que é melhor tirar ou não?".

Meu filho respondeu: "Você é tão católica, praticante, e me faz uma pergunta dessas! Vamos amá-lo da mesma forma.".

Eu já vinha de vários problemas de saúde. Era o primeiro neto, e a ansiedade era grande. Passados nove meses, veio o bebê. Que alegria, lindinho, um anjo!

Em 2007, passei por outra cirurgia e, alguns meses depois, veio a depressão.

Hoje, meu neto Rafael é minha alegria. Costumo dizer que ele é meu remédio. Não vivo sem ele. É o maior presente que Deus nos deu, uma bênção, alegre como o pai, feliz. Criança boa, do bem mesmo! É nosso mascotinho. É o meu amor, minha paixão, aliás, de toda a família.

Vovô Alfredinho

Tive um pequeno desentendimento com minha esposa. Marcelo estava em nossa casa e comentei com ele sobre o ocorrido.

Marcelo me respondeu: "Pai, não se preocupe com coisas pequenas. O médico nos chamou ontem e nos deu a notícia de que o bebê tem síndrome de Down.".

Fiquei paralisado com a notícia, mas tive forças para dizer: "Olha filho, a medicina está muito adiantada, mas mesmo assim convém vocês aguardarem.".

O médico perguntou se eles queriam continuar com a gravidez ou não.

Os meses se passaram e o bonitão chegou. Ele era tão lindo, que o problema ficou ínfimo demais. Hoje, todas as quintas-feiras, quando vamos buscá-lo na escolinha, não vemos a hora de ele sair. Curtimos nosso neto até a mãe chegar do trabalho. Que alegria!

O que me deixa muito feliz é o quanto o Rafael é amado pelos pais, por todos da família e pelos amigos.

Vovó Valda

As lembranças do dia em que tomei ciência de que minha filha, Daniela, estava grávida e poderia ter um filho com síndrome de Down são muito fortes, pois nessa época eu passava por outro problema de saúde com minha mãe, que faleceu dez dias após o nascimento do Rafael. Mas o assunto para mim parecia que não tinha tamanha dimensão, pois eu só conseguia dizer para a Daniela: "Tenha fé em Deus, pois Ele não lhe faltará. Confie sempre Nele.".

E assim se passaram os nove meses e o Rafael nasceu com a síndrome. Porém, eu parecia só ter preces para pedir que ele fosse muito feliz, e é o que ele parece ser. E isso é o que importa.

Desde que ele chegou, todos nós nos enchemos de alegria. Ele nos traz muita paz. Aquele sorriso preenche nossos corações de muita esperança na vida. Parece que ele está sempre disposto a nos curtir. Na verdade, é ele que nos dá a atenção devida. Um verdadeiro fidalgo.

Eu amo você, Rafael! Não poderia e nem quero viver sem você.

Vovô Juarez

Não me recordo direito do dia da notícia da vinda do Fael, mas tenho a nítida impressão do que isso me causou. Após três netos, o sentimento foi o mesmo em relação aos anteriores: um misto de alegria e surpresa. É incrível o futuro desse novo neto!

No nascimento, senti a ternura que ele me transmitiu. Tive a certeza de que o Altíssimo havia me premiado com a vinda de um anjo. E como isso é realmente verdade! Rafael, você é um anjo em nossas vidas!

Titia Ana

Foi em uma tarde que minha irmã Daniela ligou para Águas de São Pedro (SP), onde moro, e nos comunicou chorando que o exame tinha apresentado uma alteração genética.

A princípio, todos nós ficamos apreensivos e assustados, ansiosos pela sua chegada. Ele veio ao mundo em um momento difícil para todos, pois minha avó estava nos deixando. Mas ao vermos essa criança em um dia de luto, ficamos impressionados com a sua luz.

Lembro-me de que, ao chegar ao apartamento da Daniela, ela confirmou que ele era uma criança portadora de necessidades especiais.

Ele me encantou no primeiro encontro. É um ser repleto de paz, luz, harmonia, sabedoria...

É um ser que merece todo o nosso respeito, pois traz consigo uma experiência de vida valiosa a todos nós. É um ser iluminado. Hoje, sou a madrinha de consagração dele. Sinto-me honrada por isso.

Minha irmã e meu cunhado são também seres iluminados, pois cuidam do Rafael com muito amor, carinho e, acima de tudo, com muito respeito.

É uma família linda, repleta de harmonia e de equilíbrio.

Titio e padrinho Paulo

Como falar do Rafa? Às vezes fico pensando como seis letras podem definir um ser humano da importância e da força que é esse meu sobrinho, desde o seu nascimento até o seu desenvolver. E o que ele tem ajudado não só a nossa família, mas todos em sua volta.

Na verdade, muitas vezes, a vida se apresenta de maneira impactante e surpreendente. Em muitos momentos, não estamos preparados para determinadas notícias, ou, em outros, demoramos a acreditar que determinado acontecimento bateu em nossa porta.

Como em muitos casos e em muitas famílias como a nossa, não foi diferente.

Acidentes, doenças, acontecimentos inesperados, muitas vezes, trazem uma grande carga de perplexidade. Deixe-me contar um pouco.

Minha família é pequena, uma ramificação que veio para São Paulo, braço de três grandes famílias que desembarcaram no Brasil nas décadas de 1920 e 1930 como imigrantes libaneses: os Rezek, os Gadben e os Nadur. Nesse tempo ainda existiam aquelas reuniões de tios e tias, com sobrinhos correndo pela casa nas festas de Natal. Mas isso já não acontece há alguns anos.

Daquela época, lembro-me das mesas fartas, dos homens conversando e bebendo na sala, e das mulheres na cozinha, preparando aquela que eu chamava de uma verdadeira maratona gastronômica. A nós, crianças, restava correr e brincar pela casa, um chorando aqui, o outro pulando acolá, e assim se passaram os anos. Onde o Rafa entra nessa história? Vamos chegar lá.

Pois bem, essa geração cresceu, casou, teve seus filhos (alguns) e hoje, apesar da distância e do esfriamento nas relações familiares, todos sabem ou devem saber ou, quem sabe, deveriam saber, da existência de seus familiares.

De vez em quando, fico sabendo algo superficialmente, pela minha irmã, que encontrou uma prima no *Orkut*, ou até como ocorreu nesta semana: ao ler as notas de falecimento no jornal, um cliente encontrou uma referente à morte de um parente meu, distante. Depois verifiquei com a mamãe se realmente tinha ligação conosco.

Um esfriamento natural ou forçado, problemas familiares tão peculiares em todo lugar, ou falta de habilidade, não sei... Fico me perguntando às vezes por que as pessoas se afastam, perdem o contato, desaparecem; não chego a nenhuma conclusão clara, mas sim que a vida é assim mesmo, cheia de nuances, de idas e vindas, onde nos perdemos e nos encontramos.

Mas voltando ao nosso astro principal, como dizia, somos uma família pequena, tradicional e de classe média. Pai, mãe e três filhos, ou melhor, dois filhos e uma caçula. Tivemos uma bela infância com pais atuantes e participativos, e uma educação católica. Em alguns momentos, praticantes, em outros, nem tanto. Mas mamãe, sim. Hoje brinco chamando-a de beata, não perde uma missa aos domingos. E digo domingo, pois essa é a missa que o Senhor reconhece e não em outro dia da semana. Crescemos e hoje vêm os filhos dos filhos. O mais velho, de repente, por capricho do destino, demora um pouco mais do que o que seria o tradicional ou o convencionado pelos padrões impostos por uma sociedade cheia de valores antiquados e ultrapassados, que insiste em continuar a nos perseguir, cobrando filhos logo após o casamento.

Entretanto, pelo avassalador ritmo da vida moderna, trabalhamos muito e cada vez mais, e temos menos filhos. É verdade que, saindo dos grandes centros, ainda encontramos aquelas famílias numerosas com nove, dez filhos.

Lembro-me bem – graças a Deus, memória é um dos meus mais valiosos atributos – da nossa infância, minha irmã brincando com suas bonecas. Ela tinha aquela coleção de bonequinhas em miniatura – chamavam-se Fofoletes –, e eu e meu irmão mais novo brincávamos, como todos os meninos, de carrinho, pipa... Corríamos pela rua o dia todo após as aulas. E mamãe tinha que, invariavelmente, nos buscar na rua aos berros: "Vamos para casa tomar banho. Seu pai já vai chegar do trabalho e não vai gostar de ver vocês na rua até essa hora!".

E dizíamos: "Já vamos, mãe. Só mais um pouquinho!". Sempre a mesma resposta. E aquele moleque mirrado cresceu comigo, brincando juntos em alguns momentos. Eu era mais explosivo, mais agitado. Ele, sempre mais calmo, brinquedos mais tranquilos; e eu, briguento, protegendo-o como um brinquedo valioso e precioso como ele é até hoje.

Era capaz de bater em um exército para protegê-los. Digo protegê-los, pois a pequena Fê não teve escolha, teve de brincar de carrinho e até jogar futebol algumas vezes para completar o time quando faltava algum amigo.

Nunca me esquecerei dos domingos da década de 1970, eu com os meus dez anos, o Celo, como o chamamos até hoje, com seis, e a Fê, com quatro. Meu pai acordava cedo, como sempre, e íamos de casa em casa com o carro. Papai ao volante, às vezes muito frio, oito horas da manhã, imagine, buscar nossos amiguinhos para, juntos, jogarmos futebol no Ceret, um clube aberto aos comerciários da época e que existe até hoje no bairro do Tatuapé, em São Paulo. Meu pai sempre me colocava no time contra o dele. Naquelas ocasiões, e só fui saber disso bem depois, papai estava forjando dois homens de caráter, de fibra, pois quando o Celo não estava fazendo castelos de areia no gol (ele sempre foi goleiro, era meio folgado), estávamos jogando partidas disputadíssimas, em que eu perdia a maioria.

Papai fazia que perdêssemos o jogo e depois passava um "sabão", pois eu chorava, não aceitava perder, e ele me ensinava que perder também é uma virtude. Meu irmão, naquela época, se comportava melhor, era mais sereno e observador, talvez captando os ensinamentos de meu pai de uma forma atenta. Eu já era mais rebelde. Mas ele estava, na verdade, nos mostrando que, futuramente em nossas vidas, teríamos de conviver com vitórias e derrotas, e que as dificuldades apareceriam e teriam de ser encaradas sempre com dignidade.

Aprendemos a lição. Olho para o meu irmão hoje e vejo que se transformou em um grande homem, não pelo tamanho, pois somente o chamo de pequeno – para mim ele continua sendo meu pequeno irmão –, mas pelo caráter. O cara está gigante, mas muito maior na força e na capacidade de encarar tudo o que está enfrentando.

Devo confessar que demorei para sentar e pôr as letras nestas páginas por pura falta de força em lidar com tudo isso que estamos passando. Devo admitir, a função de proteger, cuidar e não deixar que nada aconteça a nenhum deles agora não é mais minha, e sim de meu irmão, pois não sei se eu teria a força silenciosa e quase infantil que ele está tendo para cuidar e dar todo o amor de que o Rafael necessita. Nunca, mas nunca vi em uma pessoa um amor tão grande como o que meu irmão tem pelo filho. E olha, conheço um bocado de gente, convivi e continuo convivendo com pessoas que amam incondicionalmente seus filhos, mas nada parecido com o que vejo em meu irmão com seu filho.

É como se nada mais importasse nesse mundo, a não ser aquela figura, alegre e muito especial.

Tudo aconteceu de uma forma muito singular. A descoberta, a confirmação. Fiquei até o dia do nascimento rezando e pedindo a Deus que tudo não passasse de um equívoco, um engano. Até chegar à maternidade, fui acreditando que tudo teria sido um grande susto. No carro, a caminho do hospital, quando meu irmão ligou dizendo: "Pa (é como ele me chama), vai nascer.", fomos rapidamente em um silêncio incrédulo. Eu e a Vanessa até gostaríamos de dizer algo, mas faltavam palavras. Queríamos que o Rafa fosse normal em todos os aspectos. Normal! Que palavra fácil, mas o que é ser normal?

Consegui encarar apenas um pouquinho mais serena e compreensivamente do que minha mãe, que era a pessoa mais inconformada de todos nós.

E por que não dizer que o correto seria ter prestado atenção de novo em meu pai, que mais uma vez enfrentou tudo da forma como deve ser enfrentado: com maturidade, correção e muita serenidade? Meu pai coloca a alma em tudo o que faz e diz. Tenho-o quase como um sábio, alguém que nunca está despreparado para as agruras da vida ou os sobressaltos que se apresentam.

Uma vez, ao chegar em casa, após um episódio ruim, não me lembro bem, eu estava tranquilo e até conformado. Ele olhou para mim e me disse: "Filho, você é admirável. Reage tão bem a tudo o que lhe acontece, enfrenta tão calmamente todas as situações.". Ele não sabe, mas me senti muito orgulhoso ao ouvir aquilo, pois tive a certeza de que realmente estava aprendendo algo com meu pai.

Primeiro revoltado, depois conformado e, por fim, deslumbrado. Hoje, leio e busco compreender e aprender o que e como são as síndromes.

Todas têm as suas particularidades e características e, no caso do Rafael, muito se evoluiu e muitos são os cidadãos que estão inseridos na sociedade de forma abrangente e quase plena. Com o nosso pequenino, não será diferente. Não vejo a hora de vê-lo correndo atrás do cachorro ou brincando com meus carrinhos. Acreditem, tenho carrinhos lindíssimos, alguns que consegui esconder de meu irmãozinho, que adorava quebrá-los na minha ausência, comer os pneus de borracha etc.

Hoje, estamos todos mobilizados em torno do nosso pupilo. E ele será a nossa grande motivação e fonte de riqueza interior e de crescimento como pessoas e cidadãos, pois, a partir do momento que o olhei pela primeira vez, tive uma certeza: esse "cara" veio para nos ensinar algo muito importante, algo que ainda não sabemos e, por meio dele, iremos aprender.

Tudo em seu tempo. No tempo do Rafael, as coisas irão se delineando de forma a contribuir com o engrandecimento de nossa família, a torná-la ainda mais feliz, mais unida em torno de Jesus. Creio que estamos sendo sempre preparados para algo especial, para alguma coisa que Deus nos reserva. A vinda do Rafa nas nossas vidas tem esse significado.

É nisso que eu aposto, é nisso que eu acredito e é para isso que tenho vivido.

Rafael, você ainda não entende, mas isso não demorará muito, meu sobrinho e afilhado querido. Marcelo e Dani, vocês não imaginam o orgulho que senti quando vocês me convidaram para ser padrinho do Rafa. Às vezes, acho que não sou digno deste posto, o de ser o segundo pai do Rafael.

E saiba, querido Rafa, em poucos anos o papai vai ler isso para você. E depois você mesmo lerá para o titio. O titio Paulo o ama demais e vai estar sempre pronto para você, por você e com você.

Titia Fefê

Primeiro veio um medo, que me derrubou, sem que eu soubesse direito o que iria acontecer, chorei dias e dias sem parar. Eu só havia sentido isso antes quando soube da doença da minha mãe e da doença de uma grande amiga (as duas tiveram linfoma). Era o medo do preconceito das pessoas, medo do desconhecido, do novo, um medo do que viria com essa pequena alteração genética. Tinha medo de que fosse necessário fazer alguma cirurgia, enfim, era uma dor muito grande, mas em pouco tempo descobri que se o Rafa não fosse ESPECIAL como é, não seria tão MARAVILHOSO. Eu não sabia que era capaz de amá-lo tanto a ponto de tatuar em mim a letra do seu nome, somente para que ele soubesse que, apesar de todo o medo que senti, eu já o amava mesmo antes de seu nascimento. Eu dou a minha vida por você, meu pequeno príncipe. Sinto um orgulho enorme de ser sua madrinha de consagração. Beijos, titia Fefê.

Titia Vanessa

Estávamos voltando de Santos, eu, Paulo, meus pais e meus sogros. Tínhamos almoçado no restaurante Mar Del Plata, especializado em frutos do mar, que meu pai adora. Mas não podia imaginar que aquele domingo seria tão inesquecível.

Primeiro, porque foi o último dia em que pude ver meu pai caminhar. Ele teve seu quarto AVC (acidente vascular cerebral) na madrugada de segunda para terça-feira. E, segundo, porque recebemos a notícia de que o Rafa era Down.

Já no Guarujá, todos no carro indo para casa, minha mãe pergunta como está a gravidez da Dani. Minha sogra, D. Dayse, responde já com os olhos cheios de lágrimas: "Está tudo bem, mas os médicos acham que pode ser que ele tenha síndrome de Down. Ainda não é certeza.".

Os próximos minutos pareceram horas. Todos falando ao mesmo tempo. Minha mãe e minha sogra chorando. Meu pai com uma crise de tosse, meu sogro dizendo que não era nada. O Paulo, mal-educado, tratando todos mal, como é de costume quando ele fica muito nervoso. E eu...

Eu permaneci em silêncio. Um silêncio que me angustiava. Como psicóloga, já sabia naquele momento que ele era uma criança especial. A vida com que Deus presenteou a mim e à minha família – desde a primeira doença do meu pai, quando eu tinha dez anos e minha irmã, cinco; desde quando ele perdeu os primeiros movimentos das pernas – tornou-me uma pessoa madura e forte que aprendeu a lidar com problemas e preconceitos e com uma pessoa especial.

Deus não mandaria mais uma pessoa especial para a nossa família – eu, Paulo, meus pais, minha irmã, meus sogros, minhas cunhadas e meu cunhado –, se não fôssemos uma família especial para recebê-lo. Por isso, tenho muita satisfação e honra em ter duas pessoas especiais em minha família, que vieram para o nosso convívio com muitas missões.

Para mim, uma das missões que meu querido sobrinho Rafael veio cumprir é a de ajudar, fazendo que os titios dele, que tentam há quase nove anos receber essa dádiva da maternidade e da paternidade, consigam enfim. Tenho certeza de que o anjinho Rafael, com o Papai do Céu, trará o meu bebê.

Confesso aqui algo muito particular. Todas as vezes que estou com o Rafael nos braços – eu e ele somente –, conversamos sobre isso, e peço a ele que converse com os anjos e com Deus para que meu nenê possa vir para brincar com ele. Sei que ele me ouve e que está me ajudando.

A você, Rafael, por quem o amor que sinto não consigo descrever em palavras, deixo todo o meu carinho, o meu respeito e a minha admiração!!! Todo o meu amor!

Momentos maravilhosos

Quando estou com a minha madrinha e ela vem com essas camisetas lindas, durmo gostoso.

Meu avô adora fazer caretas nas fotos.

Papai, o vovô está cheiroso. Ficamos bem nós três na foto, né?

Alguém percebeu que eu estou mostrando a Nana para a foto?

Essas vovozinhas me dão um sono...

Passamos horas nos olhando, conversando, rezando. Eu gosto, e não é pouco.

Só os corajosos sabem conservar-se alegres na adversidade, não é papai?

Vovô Vanildes, me segura...

A Vivi tá me segurando... Coceguinha vovó...

Olha o vovô fazendo graça.

Ô mamãe, coloca uma
camisetinha, que ventinho gelado.

Tira logo a foto que esse negócio está esquentando a minha cabeça.

Este queixinho
é igual ao meu,
vovozinhas.

Que susto mamãe,
esse cachorrão aí
atrás. Meu Deus!!!

No dia do meu
aniversário fui
jogar com papai
e comi a bola.

Papai fala que nós somos o Líbano no Brasil; e somos.

Os peitos são meio duros, mas desmaio nesse colo.

Tio Dinho, que saudades do seu beijinho.

Esses dois só fazem festa, será que é meu aniversário toda vez que venho aqui?

Espera meu dentinho nascer para ver se você vai continuar com esse sorriso.

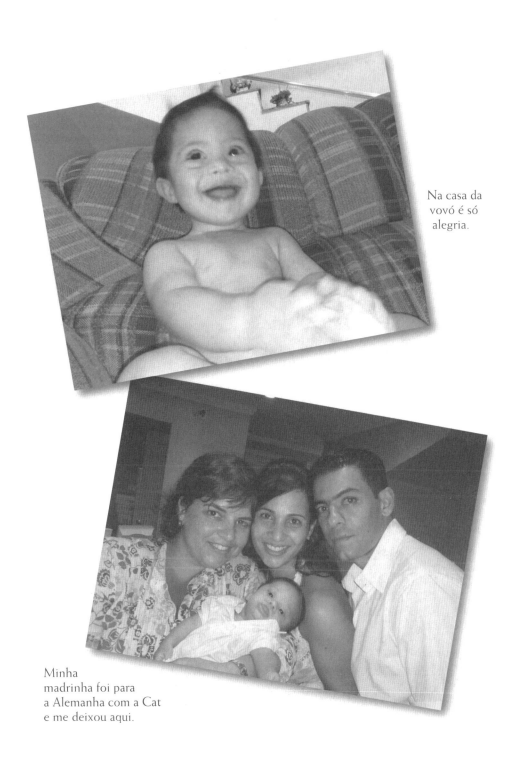

Na casa da vovó é só alegria.

Minha madrinha foi para a Alemanha com a Cat e me deixou aqui.

Titiosan me deu o quimono e não falou quando começam as aulas.

Nenhuma nenê vai me aguentar com um cabelo loiro desses, né Fefê?

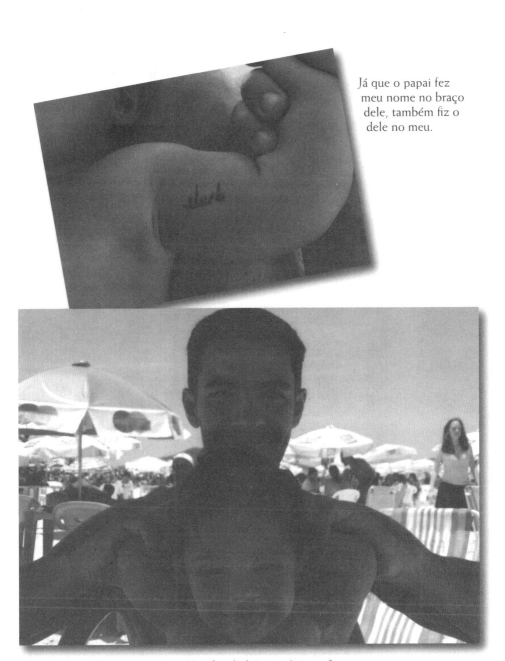

Já que o papai fez meu nome no braço dele, também fiz o dele no meu.

E aí, sentiram o tamanho do bíceps? A *tattoo* ficou pequena.

Agora sim eu estou em casa.

Chega aí Bitoca, almoça comigo. Tem para dois.

Ruivo e do *rock*...
yehhhhhhhhh!!!

Adivinha o que eu estou comendo? Quibe, né... dãããããã.

Papai se empolga nos acessórios, tem de rir, né?

Papai do Céu me batizou em Aparecida no colo do papai da terra.

Vamos logo para a praça, vovô,
não é assim que você anda com meu pai?

Estou pronto papai, anda logo, vamos nessa.
Mas precisa de tudo isso mesmo?

Só alegria. Me deem logo meus presentinhos!

Estou pronto para o jogo, cadê minha chuteira de bebê?

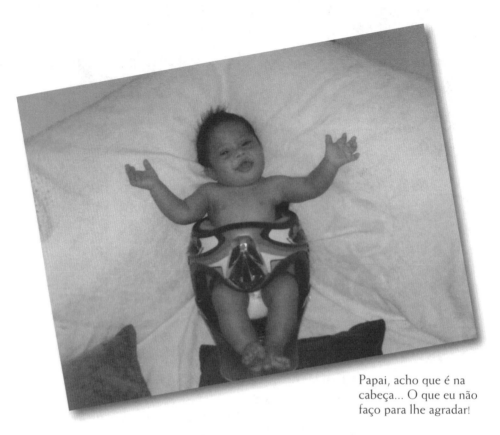

Papai, acho que é na cabeça... O que eu não faço para lhe agradar!

Demorou, vamos para o rolê, agora está do lado certo.

Depois de uma tarde de surfe, sessão de fotos para não contrariar a galera.

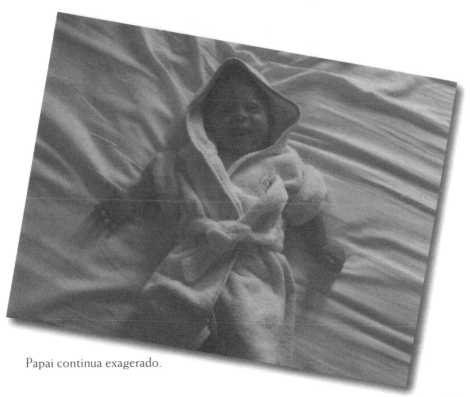
Papai continua exagerado.

Festa junina, só vou se me derem uns docinhos.

Olha minha pinta de boleiro.

Meu topete é igual
ao do meu pai.

Titio Edu, manda o papai
tirar isso da minha cabeça um
pouco; todo dia, todo dia...

Meus priminhos de Minas
são o maior barato.

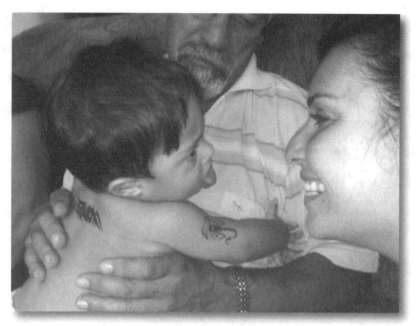

Papai, tribal, escorpião no braço...
Mamãe não vai gostar nem um pouco.

Papai não tem sossego, olha esse bigode.

Ai mamãe, adoro teus beijinhos.

Cangaceiro também? O que mais vem agora?

Que caubói mais lindo esse! Espera aí, sou eu!!!

Estou pronto para a ginástica, vai ser musculação
com o papai ou *spinning* com a mamãe?

Meu primo Luiz é minha fonte de grandes sorrisos, vive fazendo graça para mim.

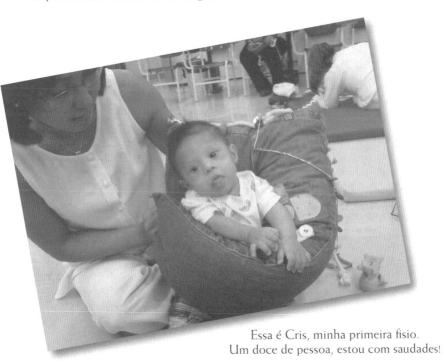
Essa é Cris, minha primeira fisio.
Um doce de pessoa, estou com saudades!

Sou o bebê Pluto...

Esse time só me dá alegria!

Aninha, sou apaixonado por você.

Papai, estou com a camisa do Boca, hihihihi... Não briga, vai...

Papai, não fique triste, mas estou bem mais bonito que você.

É com esta roupa que vou ao casamento do Tossuni? Vamos arrasar!

Tô feliz e cabeludo.

Bebê Einstein.

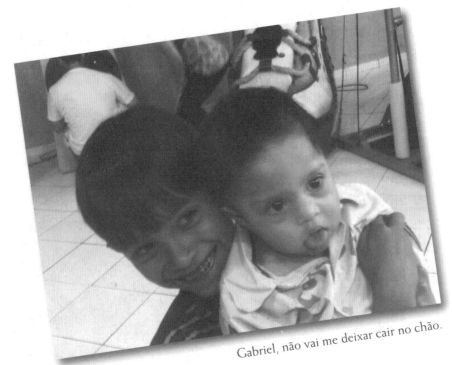

Gabriel, não vai me deixar cair no chão.

Luiz, esse seu colo é quase tão gostoso quanto o do papai.

Me colocaram as orelhas e não me deram o chocolate, ótimo...

É uma luta para o tio Edy cortar meu cabelo, não paro um minuto.

Não precisa nem dizer que eu acabei de acordar.

Se me encontrar, me leva para os meus pais, tá?

Hihihihihi, o Papai Noel tem menos barriga que eu.

Vovó, te amo muito!

Papai, ele está me imitando, mande-o pôr uma fralda então...

Rio porque sou seu reflexo, papai.

Quando eu estou com essa mulher, eu fico assim.

Vovó Valda e vovô Juarez, amo vocês.

O papai, há quase um ano, falou que iria entregar o livro para o padre Marcelo e entregou. Que fé ele tem.

Obrigado, Papai do Céu, por ter me enviado aqui para cuidar desses dois que eu tanto amo.

Leia também:

Câncer de Mama
Um guia prático para a vida após o tratamento

Edição atualizada, apresenta as recentes mudanças no tratamento padrão contra o câncer de mama e uma variedade de tópicos para ajudar na descoberta de possibilidades e desafios como: drogas poderosas para a quimioterapia coadjuvante e seus complexos efeitos colaterais; grandes mudanças nos tratamentos hormonais; novas preo-cupações no acompanhamento médico; que perguntas se deve fazer ao médico; como voltar a ter intimidade emocional e sexual; como lidar com problemas financeiros e no ambiente de trabalho; teste genético: por que fazê-lo, quando e em que condições; como vencer o medo da recidiva.

Sobre todos esses assuntos, Hester Hill Schnipper traz tanto sua experiência profissional, como reconhecida assistente social na área de oncologia, quanto sua recente realidade pessoal, por sobreviver duas vezes ao câncer de mama. Este livro indispensável ajudará todas as mulheres a redescobrirem sua capacidade de ter alegria enquanto continuam em direção ao futuro – como sobreviventes.

ESCLEROSE MÚLTIPLA
Respostas tranquilizadoras para perguntas frequentes

Após extensa revisão da literatura disponível, Beth Hill nos oferece um manual abrangente e inspirador, escrito especificamente para pacientes com esclerose múltipla (EM), cujas perguntas mais comuns ela responde com fatos, em tom otimista.

Lastreada nas mais recentes descobertas científicas e em suas experiências pessoais, a autora apresenta ampla variedade de sintomas e exames, termos médicos, tratamentos convencionais e terapias alternativas complementares, assim como as mudanças de vida associadas à esclerose múltipla, abordando de maneira clara e concisa muitas questões importantes em todos os estágios da doença. Fornece, ainda, uma lista de clínicas, websites, livros e publicações para pacientes, que podem servir de referência e fonte de mais informações. Mas, o mais importante, transmite esperança aos pacientes e a seus familiares para que possam novamente olhar o futuro com otimismo e ir em busca de seus sonhos, sabendo que a cura da EM está muito próxima.

Beth Ann Hill, diagnosticada em 1999 como portadora de esclerose múltipla, é escritora *freelance* e defensora incansável dos pacientes com EM, atuando na Sociedade Nacional de Esclerose Múltipla dos Estados Unidos. Vive em Rockford, Michigan.

ESTÁGIOS INICIAIS DA DOENÇA DE ALZHEIMER
Primeiros passos para a família, os amigos e os cuidadores

Este livro, prático, apresenta uma análise dos recursos relacionados à doença de Alzheimer, fornecendo informações claras, precisas e confiáveis sobre a natureza da doença, associando preocupações médicas e emocionais a práticas inerentes aos estágios iniciais da doença.

De modo realista, tranquilizador e, sobretudo, sensível, orienta tanto as famílias no desenvolvimento de uma filosofia para o cuidado do paciente de Alzheimer quanto os cuidadores e profissionais do campo do cuidado com idosos. Baseado nos mais recentes estudos científicos, faz uma análise atualizada do manejo da doença, contestando a imagem devastadora que ainda circula sobre os portadores de Alzheimer e promovendo o nosso entendimento da experiência dessa enfermidade em seus estágios iniciais. Este livro será do interesse daqueles que se preocupam com as pessoas acometidas por Alzheimer: famílias, amigos e cuidadores.

Daniel Kuhn, MSW, é diretor do Instituto de Treinamento Profissional da Associação de Alzheimer. Autor e coautor de mais de duas dúzias de artigos sobre os aspectos psicossociais da doença de Alzheimer, é membro do conselho editorial das revistas *Alzheimer's Care Quarterly*, *The American Journal of Alzheimer's Disease* e *Early Alzheimer's*.

David A. Bennett, M.D., é diretor do Rush Alzheimer's Disease Center do Rush Presbyterian – St. Luke's Medical Center de Chicago.

Guia Completo da Próstata
Informação médica sobre sintomas e tratamento

Sem nenhuma dúvida, a próstata parece gerar mais dúvidas, mal-entendidos, preocupações e ansiedade do que qualquer outra parte do trato geniturinário masculino. Isso na verdade não é nenhuma surpresa, porque ela realmente causa mais preocupação a muitos homens do que qualquer outra estrutura do corpo, e os sintomas e as dificuldades que surgem na próstata acompanham quase toda a vida adulta do homem.

Neste livro, o autor explica como surgem os problemas na próstata, discute as razões do tratamento recomendado, seja clínico, seja cirúrgico, e principalmente põe por terra muitos mitos e grandes mentiras que os pacientes "sabem" sobre o assunto. Assim, ajuda a entender a próstata o máximo possível, com explicações detalhadas, porém simples, para que o paciente e seu médico sejam capazes de superar, lidar ou, pelo menos, conseguir aprender a viver com o problema.

Stephen N. Rous, M.D., é professor de cirurgia da Dartmouth Medical School e ex-chefe de urologia do Veterans Affairs Medical Center, em Vermont.

Vencendo a Dor Crônica após uma Lesão

Uma abordagem integrativa ao tratmento da dor pós-traumática

Todos conhecemos pessoas que sofreram durante anos após um sério acidente de carro ou uma lesão relacionada ao trabalho. Um cirurgião ortopédico (dr. Ehrlic) e um neuropsiquiatra (dr. Sadwin) escreveram este livro particularmente útil, que aborda soluções dos pontos de vista físico, emocional e metafísico para acabar com o mistério da dor crônica após as lesões.

Esses habilidosos médicos acadêmicos se baseiam em especialistas que, em geral, não combinariam suas habilidades em um único empreendimento. Este livro é único porque aceita metodologias e técnicas de diversas fontes com o propósito de produzir a abordagem mais holística de todos os tempos para a solução da dor crônica pós-traumática.

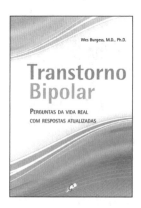

TRANSTORNO BIPOLAR
Perguntas da vida real com respostas atualizadas

O recurso mais prático e atual sobre crianças e adolescentes com transtorno bipolar.

Há vinte anos, o dr. Wes Burgess é psiquiatra especializado em transtorno bipolar. Durante esse período, ajudou muitas crianças e adolescentes bipolares – e suas famílias – a ter uma vida feliz e bem-sucedida.

Transtorno bipolar – perguntas da vida real com respostas atualizadas contém mais de quinhentas perguntas da vida real feitas por crianças, adolescentes, pais e membros da família e oferece soluções práticas para desafios importantes, incluindo:
- Como saber se seu filho tem transtorno bipolar?
- Que hábitos alimentares, de sono e de exercícios podem ajudar a diminuir os sintomas bipolares?
- Que medicamentos são os mais seguros e melhores para seu filho?
- Como encontrar e consultar o melhor médico para seu filho?
- Como minha família e eu podemos ajudar meu filho a ter sucesso na escola?
- Por que meu filho bipolar age e pensa dessa maneira?
- Como a família e os amigos podem dar apoio aos entes queridos e ajudar a evitar crises bipolares?

O Segredo da Coluna Saudável
Siga os passos para uma vida sem dor

A dor nas costas e os sintomas que fazem você se sentir doente realmente podem salvá-lo.

Por mais incrível que pareça, uma mensagem muito importante pode estar por trás de seu sofrimento e, melhor ainda, a causa pode estar na sua frente! Seu cérebro é o órgão que controla todo o organismo; se você sente fome, é um sinal de que tem de comer; se sente sono, seu organismo está pedindo para dormir; da mesma forma, se sente dor, é sinal de que algo não está bem. Trata-se de um aviso do cérebro para chamar sua atenção para a causa do problema.

A questão é que a sociedade ignora esses alertas e apaga os avisos. Apagar sinais vitais de sede quando o corpo precisa de água ou sono resultaria em morte. Será que o hábito da sociedade de suprimir dores e sintomas não seria igualmente fatal para o organismo?

O segredo da coluna saudável: siga os passos para uma vida sem dor é um guia prático, um manual de uso da coluna vertebral e de seu corpo que ensina como identificar as causas dos problemas e como solucioná-los. É muito mais fácil do que você imagina. Comece a ser seu próprio médico e elimine o sofrimento desnecessário, assim você pode prolongar sua vida e enriquecê-la com saúde.

Fotos: Marcelo Nadur

Rafa, meu menino-piranha ou moleque-polvo, menino-morcego, creme Lee, entre outros apelidos...

A cada dia, vejo que tenho muito a aprender e a ensinar. Não foi por acaso que você entrou em nossa vida, num momento muito especial, quando a bisa estava indo para o lugar de onde você veio: o colo de Jesus. Na mesma época, a vovó Dayse terminava as sessões de quimioterapia.

Papai do céu não tinha melhor hora para colocá-lo em nosso caminho, suprindo nossa necessidade de sorriso. Hoje, sua vovó, com esclerose lateral, chama você de remédio, a cura para todos os males.

Você não sabe, mas nasceu com uma responsabilidade muito grande: a de nos fazer sorrir e acreditar que sempre haverá esperança. Tenho certeza de que sua vinda iniciou um novo ciclo, cheio de alegria e coragem para enfrentar tudo o que o mundo tiver a nos mostrar.

Te amo, Rafa, meu grande amor.

Marcelo Nadur Vasconcelos, nascido em 1972, criado em São Paulo, neto de imigrantes italianos e árabes, é licenciado e bacharel em Educação Física.

Atua como *personal trainer* e professor de educação física.

É pai do Rafael, portador de síndrome de Down, e escreveu este livro com o objetivo de declarar todo seu amor ao filho e transmitir a experiência de ter uma criança especial, além de mostrar às pessoas como deixar de lado os preconceitos, evidenciando que todos somos diferentes, e que essa diferença nos torna seres humanos *especiais*.

@marcelonadur
/marcelo.n.vasconcellos
profnadur@yahoo.com.br
relatodeumpaiapaixonado.blogspot.com